An invitation to developmental and educational psychology

発達と教育のための心理学初歩

福沢周亮・都築忠義 編
Shusuke Fukuzawa & Tadayoshi Tsuzuki

ナカニシヤ出版

はじめに

　聖徳大学児童学部では，児童学という包括的な学問領域を学ぶために，児童学を構成していると考えられる学問領域からの知見を学ぶ科目を，一年次生の必修として開設しています。
　「児童学の心理学的基礎」は，その一つで，乳幼児，児童，青年について，半期15回の授業で心理学の基礎的な知識・理解を得ることを目的としています。
　児童学部の学生は，ほとんどが保育士，幼稚園教諭，小学校教諭を志望しているため，将来のそうした仕事に有用な心理学の基礎的教養を身につけることが期待されています。
　しかしながら，一年次生は心理学の学習が初めてであるために，心理学の内容は基礎であるとともにわかりやすいことが要求されます。
　今回，この授業の充実を目的として，児童学部の児童心理コースに関係する教員12人が，次の条件のもとに，それぞれの専門を活かして分担し，テキストとして作成したのが本書です。

1. 内容を厳選する。
2. 発達段階を軸にした構成にする。
3. わかりやすく，読みやすい内容および表記にする。
4. 学生参加型の授業が可能な構成にする。

　本書が保育士，幼稚園教諭，小学校教諭をめざす学生の皆さんの心理学の学習に資することができれば幸いです。
　本書刊行の趣旨をご理解いただき，編集の労をとられたナカニシヤ出版編集部の宍倉由高氏と山本あかね氏に厚く御礼申し上げます。

2011年　8月
福沢　周亮

目　　次

はじめに　i

第1章　発達と遊び……………………………………………1
　1.　身体発達と遊び　1
　2.　認知と遊び　4
　3.　仲間との遊び　10
　発展学習　14

第2章　言　　葉………………………………………………18
　1.　言葉の働き　18
　2.　言葉の獲得　22
　3.　言葉と文化　26
　発展学習　30

第3章　家　　庭………………………………………………36
　1.　家族コミュニケーション　36
　2.　愛着の成立過程　39
　3.　家族関係が子どもに及ぼす影響　40
　発展学習　48

第4章　障害のある乳幼児や気になる子ども……………52
　1.　障害の早期発見・支援の場　52
　2.　障害のある乳幼児や気になる子の発達理解と保護者の心理　58
　3.　幼稚園，保育所でのとりくみの工夫　63
　発展学習　66

第5章　学　　習………………………………………………70
　1.　条件づけのしくみ　70
　2.　記憶の働き　74
　3.　見ることによる学習　78
　発展学習　82

第 6 章　やる気（学習意欲） …………………………………… 86
　1．内発的動機づけと外発的動機づけ　86
　2．達成動機と原因帰属　90
　3．自己認知と動機づけ　94
　発展学習　98

第 7 章　友 だ ち …………………………………………………… 102
　1．児童期の子どもの友人関係　102
　2．不登校の定義と要因　106
　3．いじめとそのメカニズム　110
　発展学習　114

第 8 章　知的発達の障害 …………………………………………… 118
　1．知的障害　118
　2．自閉症スペクトラム障害　122
　3．LD（学習障害）・ADHD（注意欠陥多動性障害）　124
　発展学習　130

第 9 章　子どもから大人へ ………………………………………… 134
　1．思春期の 4 つの大きな変化　134
　2．アイデンティティ（identity）　138
　3．青年をとりまく環境の変化　140
　発展学習　146

第 10 章　対人関係 ………………………………………………… 150
　1．対人魅力　150
　2．恥ずかしがりや（シャイネス）　152
　3．葛　藤　158
　発展学習　164

第 11 章　悩み・病理 ……………………………………………… 168
　1．パーソナリティ　168
　2．悩みの種類・しくみ　172
　3．悩みの援助　176
　発展学習　180

第12章　キャリア発達・・184
　1.「キャリア」とは　184
　2. キャリア発達の心理学　188
　3. キャリア発達の段階　192
　発展学習　198

あとがき　203
索　引　205

● コラム目次

1・1　赤ちゃんは人の顔が好き？　5／**1・2**　赤ちゃんはチンパンジーの顔も認識できる？　9／**1・3**　サリー・アンの課題　11／**3・1**　あなたのうちの家族関係は？　37／**3・2**　家族事例から　47／**4・1**　幼稚園教育要領や保育所保育指針では　61／**5・1**　「恐怖」の条件づけ　71／**6・1**　ごほうびは逆効果？　87／**6・2**　仮説実験授業　89／**6・3**　失敗の原因は？　91／**6・4**　無力感はどのようにつくられるか　93／**6・5**　自己効力感　95／**6・6**　知能は変わるか？　97／**7・1**　ピアサポート　105／**7・2**　子どもの問題に対する援助チーム　109／**7・3**　いじめに関連する重大な事件　113／**8・1**　自閉症スペクトラム障害の子どもの機能障害とは　125／**8・2**　「語用論」的な言葉の理解とは　127／**8・3**　行動観察法の基礎　129／**10・1**　この物語の誰に好感をもてますか　153／**10・2**　あなたの恋心チェック　155／**10・3**　あなたの対人不安傾向と対人消極性傾向　156／**10・4**　1人のランチは恥ずかしい？　159／**10・5**　あなたの対人葛藤処理法略　161／**10・6**　モラルジレンマ（実習用）　163／**11・1**　ストレス，コーピング，ソーシャル・サポート　175／**11・2**　新型うつ病　177／**12・1**　マズローの欲求階層説　191／**12・2**　興味・関心　193／**12・3**　中学生の職業体験　195／**12・4**　キャリア・パスウェイ　196／**12・5**　日本のキャリア教育の動き　197

第 1 章

発達と遊び

　遊びとは，一般に，自発的な活動であると同時に，その活動自体を楽しむ目的のない活動と定義されます。乳幼児期の子どもの生活のほとんどは遊びで占められています。子どもは遊びながら，身体面でも心理的な面でも日々成長していくといってもよいでしょう。この章では，遊びをとおして乳児から幼児期にかけての子どもの発達をみていきます。

1. 身体発達と遊び

　遊びは身体があってこそ成立します。身体と運動の発達は，子どもの遊びの重要な構成要素といえます。

(1) 身体の成長

　赤ちゃんは生後1ヵ月を新生児期，それ以降から1歳までを乳児期とよびます。生後1年目は，人の一生の中で最も成長する時期です。1年間で身長は1.5倍に，体重は約3倍になります。乳児の移動する能力もこの時期に著しく発達します。生後5ヵ月すぎるころにおすわりができるようになり，8ヵ月をすぎるころ，はいはいをするようになります。その後，伝い歩きができるようになり，そしてひとりで歩けるようになります。この発達の過程には個人差があり，各段階に達する時期は乳児によって異なります（図1-1参照）。たとえば，1歳をすぎても自力で立てない乳児は多くいますし，また，はいはいをしない乳児もいます。

（2）移動行動と遊び

　はいはいや歩行により子どもが自ら移動できるようになると，子どもの世界は劇的に変わります。それまで大人からおもちゃを与えられるだけのことだったのが，好きな場所，おもちゃのある方へ自由に行けるようになります。自分からいろいろなものに触れ，つかんだり，落としたりといろいろな操作をするようになります。歩行により，子どもは主体的にまわりの世界をとらえることができるようになります。このころ，新奇なものへ突進したりする子どももいれば，じっくり慎重に近づいたりする子もいたりと，子どものものへの接近のしかたの個人差があらわれてきます。

　2歳ごろには階段の上り下りや走ることができるようになります。3歳で片足で立てるようになり，4歳では片足跳びが，5歳ではスキップができるようになります。運動の発達に伴い，運動それ自体が遊びになります。たとえば，走ることができるようになると走ること自体が，跳ぶことができるようになると跳ぶこと自体が，面白い遊びになります。

（3）ものを操作する遊び

　乳児は4～5ヵ月ごろになると，手の届く範囲にあるものに手を伸ばして，これをつかむようになります。これは，自分の目に入ったものを操作するという目と手の協応ができたことを意味します。1年たつと親指と人差し指でものをつまめるようになります（図1-2参照）。

　このころには積木の上に積木を置くことができるようになり，またものを手から放すのがうまくなります。4歳になるころには，はさみをうまく使えるようになったり，クレヨンでうまくぬりえができるようになったりします。6歳ごろには手先の器用さは大人に近いほどになります。

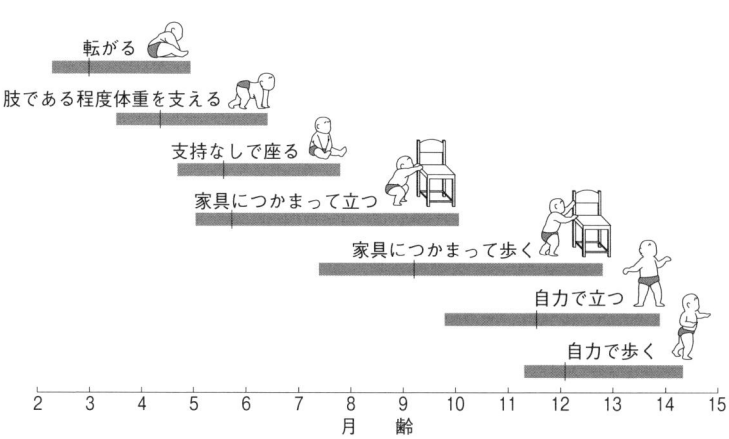

図 1-1 乳児の運動発達と個人差（村田，1986 を一部改変）

運動の発達には順序がありますが，到達する段階には個人差があります。図の棒グラフの左端は，全体の子どもの 25％が遂行していることを示し，右端は 90％が遂行できることを示しています。棒グラフに交差している細い縦の線は，50％が遂行しうる時期を示しています。

	2ヵ月	4ヵ月	6ヵ月	8ヵ月	10ヵ月	12ヵ月
つかみ方	把握反射	小指と掌の間に入れてつかむ	親指以外の4本の指と掌の間に入れてつかむ。小さなものをつかむ時は4本の指を揃えて，掻き寄せるようにする。	親指を人さし指のほうに動かせる（内転）ようになり，有効に働きはじめる。	指がひとつひとつ独立して来て，親指と人さし指でものをつまめるようになる。	親指と人さし指でつまんだとき，他の指が広がらなくなる。

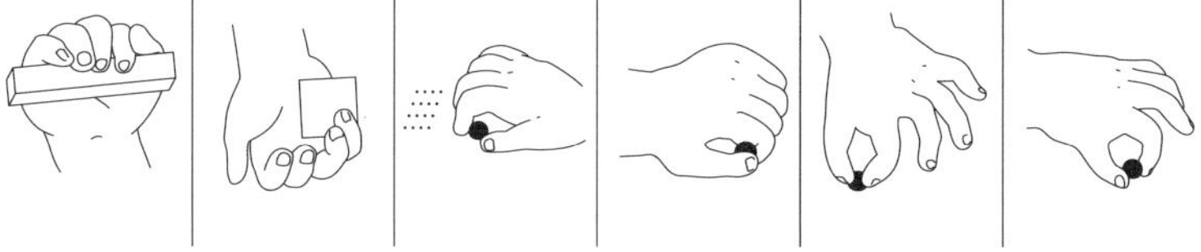

図 1-2 物のつかみ方の発達（三木，1956 を一部改変）

2. 認知と遊び

　子どもの遊びは、見る、聴く、触れることから始まります。ここでは、まず、乳児の知覚の側面から、次にピアジェ（Piaget, J.）の理論をもとにした乳幼児期の認知（思考）の側面から遊びをみてみます。

(1) 知覚の発達

　新生児でも、見る（視覚）、聴く（聴覚）、触る（触覚）、においをかぐ（嗅覚）、味わう（味覚）能力がある程度そなわっていることがわかっています。たとえば、触覚は、五感のうちで最も発達が早く、出生前から胎内で指しゃぶりをしたりして触る感覚を発達させているといわれています。聴覚については、母親が妊娠後期のあたりから外界の音や母体内の音を聴いています。妊娠末期の胎児に毎日絵本を読み聴かせると、生後すぐの赤ちゃんでも、妊娠末期に聴いたお話に反応します。これによって、赤ちゃんは子宮内の羊水を通して母親の話すリズムや調子を聴いてそれを記憶していると考えられています。

　一方、視覚は誕生後に外界の刺激を受けて発達するため、生まれたばかりの赤ちゃんの視力は 0.01 程度と弱いのですが、抱かれた時の養育者の顔や表情を認識することができます。生まれて数ヵ月の乳児はいろいろな形を知覚することができます。ファンツ（Fantz, 1961, 1963）は、一連の研究で、乳児が単純な図形より複雑な模様のある図形や顔図形を好んで見ることを発見しました（コラム 1・1 を参照）。

　さらに、乳児は、深さも知覚できます。ギブソンとウォーク（Gibson & Walk, 1960）は、視覚的断崖装置（図 1-4）に生後 6 ヵ月から 14 ヵ月の乳児をのせて、反対側から母親が子どもを呼ばせるようにしたところ、はいはいができるころの乳児は深さを知覚し、避けることがわかりました。その後キャンポスら（Campos et al., 1970）は、2 ヵ月の乳児でも断崖のところで心拍数が変化することから深さを知覚していることを明らかにしました。

　このようにファンツをはじめとして、1960 年代以降心理学者がいろいろな実験の工夫をして乳児の認知能力を測定し、赤ちゃん研究は飛躍的に発展しました。そして、乳児がそれ以前に考えられていたよりも有能であることがわかっ

コラム1・1

赤ちゃんは人の顔が好き？

ファンツは、新生児と生後2〜6ヵ月の乳児を対象として、図に示したような6種類の視覚刺激を対で提示し、それぞれの図版の総注視時間を求めました。結果は、乳児は模様がないものよりもパターンのあるもの、中でも顔を好んで見ることを発見しました。

その後の研究では、乳児は顔と複雑な図とを同程度に好むことが報告されています。

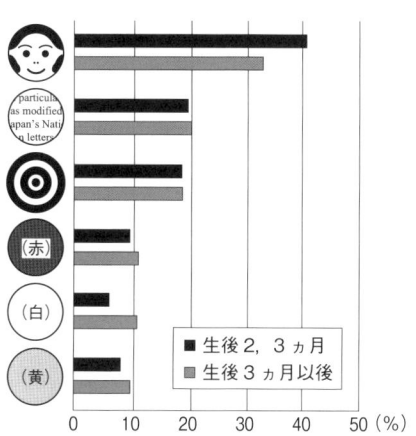

図1-3　乳児の凝視した時間の割合（Fantz, 1961）

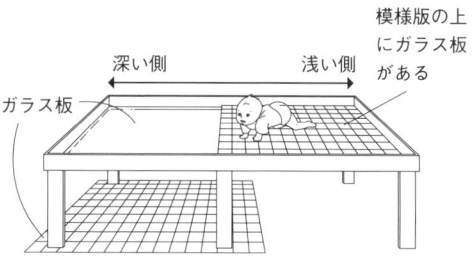

図1-4　視覚的断崖（Gibson & Walk, 1960）

ていったのです。

最近では，赤ちゃんは，大人では失われている能力をもっていることも明らかになっています。6ヵ月の乳児は人間の顔だけでなくサルの顔も識別できるようです（コラム1・2「赤ちゃんはチンパンジーの顔も認識できる？」参照）。

(2) 思考の発達

乳児期から幼児期にかけて，子どもがまわりの世界をとりいれ，考えていくやり方は変化します。スイスの心理学者のピアジェ（Piaget, J.）は，思考は，感覚運動期，前操作，具体的操作期，形式的操作期の4つの段階を経て発達していくと考えました（表1-1）。乳幼児期は，感覚運動期と前操作期にあたります。

ピアジェは，子どもの遊びも思考の発達と対応して変化すると考えました。ピアジェの考えにもとづきながら，遊びがどう変化するかみてみましょう。

1) 感覚運動期（0歳から2歳）

この時期は，感覚器や運動で外界をとらえる時期です。この段階は，循環反応とよばれる同じ行動の繰り返しを行うことが特徴です。第1次は自分の身体を，第2次は外界にある事柄を，そして第3次は外界とのやりとりを楽しみます。この時期では，何かを握ったり触ったりなめたりして感覚や動きで外界をとらえて楽しんでいるようです。この時期の，身体感覚や運動を楽しむ遊びを機能的遊びとよびます。

2) 前操作期（2歳から7歳）

「操作」とは，概念を論理的に扱うことをさします。この時期は，そういうことができる前の段階という意味です。下位段階として象徴的思考と直観的思考があります。

象徴的思考段階（前概念的段階）

感覚運動期の終わりごろに，表象（イメージ）が形成され，「いま，ここ」から離れて考えることができるようになります。表象機能とは，目の前にそのものがない場合でも，そのものを思い浮かべる，イメージすることをさします。

1歳半ごろに見立てがみられるようになり，2歳をすぎると遊びの中で見立

2. 認知と遊び

表1-1　ピアジェの思考の発達段階下位段階

段階		下位段階	およその年齢
感覚運動期		Ⅰ. 生得的反射の時期	0〜1ヵ月
		Ⅱ. 第1次循環反応	1〜4ヵ月
		Ⅲ. 第2次循環反応	4〜8ヵ月
		Ⅳ. 2次的シェマ^{注)}の協応	8〜12ヵ月
		Ⅴ. 第3次循環反応	12〜18ヵ月
		Ⅵ. 洞察のはじまり	18ヵ月〜2歳
表象的思考期	前操作期	象徴的思考段階（前概念的思考段階）	2〜4歳
		直観的思考段階	4〜7歳
	具体的操作期		7〜11歳
	形式的操作期		11, 12歳〜

注）シェマとは，行動や認識の様式のこと。子どもはシェマによって外界をとりいれる。

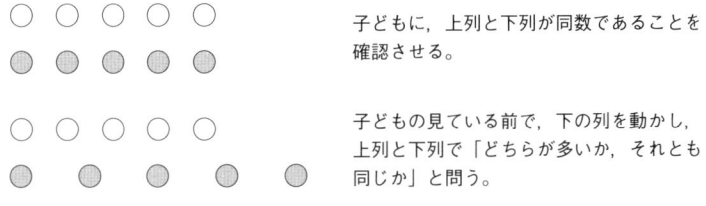

図1-5　保存課題の例（数の保存）

てを行う「象徴遊び」（ふり遊び）が多くみられるようになります。小石を「お団子」だとしたり，積み木を電車だとしたりというように現実とは異なるものを別のものに見立てて遊びます。たとえば，砂の丸いかたまりをお団子と見立てることができるには，頭の中でお団子を思い浮かべなくてはなりません。この場合，砂のかたまりがお団子を意味する別のもの（象徴）となっています。このように事物や事象を記号などの別のものとして認識する働きのことを象徴機能とよびます。象徴遊びとは，表象作用と象徴機能の発達が背景にあります。

直観的思考段階

　この段階の子どもは，前概念的段階の思考にくらべて大人のもつ概念に近くなりますが，論理的にではなく，直観的にものごとを判断するという特徴があります。見た目で判断するために，保存課題に失敗します（図1-5）。

また，自己中心性といって，主観と客観との区別がつきにくいという認知的特徴があります。ピアジェによると，幼児期のアニミズムや空想性も自己中心性のあらわれです。

　アニミズムとは，生命や意識のない事物に生命や意識があると考えることです。また，空想（ファンタジー）は，現実にはありえないことや現実と関係ないことを考えることをいいます。空想上でいろいろな人物になったり，さまざまな楽しい経験したりすることができるのは幼児期の特権ともいえるでしょう。

　幼児期をすぎれば，このような考え方から脱して，自分以外の視点で世界をとらえることが可能になってきます。これを脱中心化とよびます。

　ピアジェは遊びも思考の発達が基本にあると考え，知的な面から遊びを分類して，遊びは「機能的（感覚・運動）遊び」「象徴遊び」と変化し，ある程度抽象的なことを考えられるようになるとルールを決めてそのルールに則って遊びをする「ルール遊び」をするようになると考えました。ピアジェは最後のルール遊びの段階は，7〜8歳以降にみられると考えましたが，簡単なルールのある遊びは4歳から5歳ごろからできるようになります。

コラム 1・2

赤ちゃんはチンパンジーの顔も認識できる？

　私たちは，同じ刺激を見続けた後で新奇な刺激を見せられると，新奇な方をより長く見る傾向があります。これを利用してパスカリスら（Pascalis et al., 2002）の研究グループは，6ヵ月，9ヵ月の赤ちゃんと大人に，人の顔のペアとチンパンジーの顔のペアを見せて，区別できるかどうかを調べました。その結果，9ヵ月の赤ちゃんと大人は，人間の顔の違いは認識できますが，チンパンジーの顔の違いを見分けるのはむずかしいことがわかりました。一方，6ヵ月の赤ちゃんは，人だけでなくチンパンジーの顔の違いも認識できることがわかりました。この実験から，半年くらいまでの赤ちゃんの能力の高さは，どんな環境でも生きていくことが可能な素地をもっているといえるでしょう。

図 1-6　刺激図のペア（Pascalis et al., 2002 を参考に作成）

3. 仲間との遊び

　子どもは3歳近くになると，子ども同士で遊ぶことが楽しくなってきます。乳幼児期の子どもは自分という意識が芽生え，しだいに相手が自分と違う考えをもっていることを知るようになり，仲間との遊びも変化していきます。ここでは，まず，自己と他者についての認知的な側面の発達を理解し，次に遊び方の変化をみてみましょう。仲間と楽しく遊ぶなかで，時には仲間と争ったり，折りあったりしながら，子どもは多くのことを学んでいきます。

(1) 自己と他者

　生まれて間もない乳児には，「自分」という概念はないと考えられており，その後の外界とのやりとりによってしだいに「自分」という意識をもつようになるといわれています。1歳半をすぎるころから自分の名前を呼ばれて反応するようになり，このころ，保育所などで自分の持ち物と仲間の持ち物の違いがわかるようになります。

　鏡を使って自己の意識を試す実験があります。子どもに気づかれないようにして鼻に口紅をつけて鏡を見せると，1歳半をすぎると鼻を触る行動がみられます（図1-7）。この時期に自分という意識が芽生えると考えられています。

　自己意識が芽生えると，自己主張も強くなってきます。自分の欲求や意志を強く主張するようになり，第一反抗期とよばれます。

　他者への意識はどうでしょうか。2歳ごろは主におもちゃの取りあいのようなけんかが多くみられます。3, 4歳では相手の立場に立つことがむずかしく，子ども同士では自分のイメージを主張しあうような衝突（いざこざ）が多くみられます。しかし，4歳をすぎると，他者の心の状態を推測できるようになり，他者が自分と異なる考え方をもち，その考えにもとづいて行動することを理解していきます。これを心の理論が成立したといいます。心の理論は，多くの場合，誤信念課題を用いて測定されます。バロン・コーエンら（Baron-Cohen et al., 1985）のサリー・アンの課題では，4歳前の子どもは自分の知っていることを答えてしまいます。

　4歳前の子どもにとって他者が自分とは異なる考え方をもっているという理

3. 仲間との遊び　11

図 1-7　鏡に映った自分の鼻を触る乳児

コラム 1・3

サリー・アンの課題

　下記のようなサリーとアンの2人の子どもが登場する話を，絵や模型を使いながら子どもに聞かせます。最後の絵を見せた後，「さて，サリーはボールで遊ぼうと思って，どこを探しますか？」と子どもに聞きます。

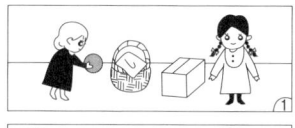 ① サリーがボールをバスケットの中にしまう

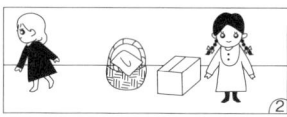 ② サリーが出かけている間にアンがやってきてボールを取り出す

 ③ アンがボールをおもちゃ箱に移してしまう

 ④ その後サリーが戻ってくる

解はむずかしいようです。

(2) 社会性の発達

　幼児期は，保育所や幼稚園に入ることもあって，親と一緒にいる時間より仲間と過ごす時間が増えていきます（図1-8）。

　パーテン（Parten, 1932）は，2歳から4歳の保育所での自由遊びを観察して，仲間との関係から遊びを以下の6つに分類しました。

　①何もしていない状態：はっきりした遊びのテーマがなく，ものや自分の体をいじったりぼんやりしている

　②傍観：他の子どもの遊びをただ眺めている

　③ひとり遊び：ひとりで，他の子どもたちとは違う遊びをしている

　④平行遊び：まわりの子どもたちのそばで同じような活動をしているが，お互いの交流はない

　⑤連合遊び：他の子どもたちと一緒に遊んでいるが，はっきりしたルールや役割分担がない

　⑥協同遊び：集団を通じてはっきりした遊びのテーマや分担がある

　2, 3歳ではひとり遊びや平行遊びが多くみられますが，4, 5歳になると連合遊びや協同遊びが多くみられるようになり，社会性の発達とともに①から⑥までの順序で仲間関係が発達していきます（図1-9）。

　仲間との関係はこのように時間をかけて発達していきますが，幼児の仲間との生活はいざこざやけんかが多いものです。幼児期の子どもにけんかが多い理由としては，言葉の発達が不十分なため，気持ちをうまく表現できないことや，前項（1）でみたように，心の理論がまだ成立していないために相手の立場になってものごとを考えることがむずかしいことも理由としてあるでしょう。しかし，このような葛藤体験を通じて，子どもは相手が違う考えをもつことを理解し，自分の欲求を抑えることを覚えながら他者とのかかわり方を学んでいくのです。

3. 仲間との遊び　13

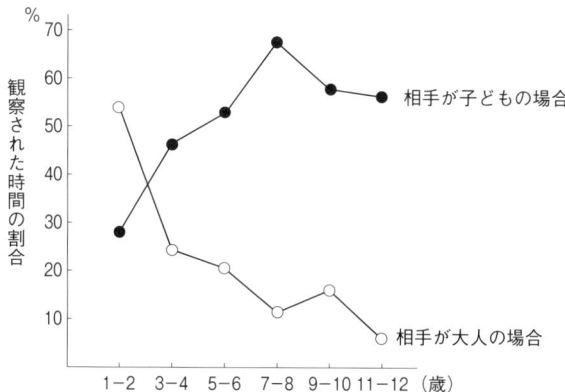

図1-8　「遊び相手の発達的変化」（住宅地の室内，戸外で観察された時間の割合の変化）
（Ellis, Rogoff, & Cromer, 1981, p.403 より作成）

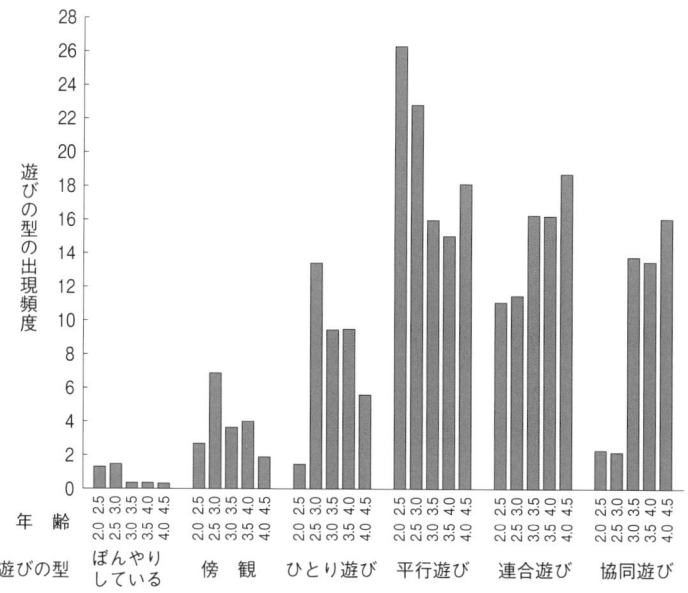

図1-9　遊びのタイプの年齢ごとの出現率（Parten, 1932; 村田, 1986）

■発展学習■

1. 復習しよう

(1) 誕生から1年の間で，赤ちゃんは身体的にどういう発達をしますか。移動やものの操作についてまとめてみましょう。

（2）幼児の遊び方の変化の背景にはどんな認知的な発達があるでしょうか。ピアジェ理論をもとに復習してみましょう。

（3）仲間との関係をもとに子どもの遊びを分類してみましょう。

2. 考えてみよう

(1) 赤ちゃんはなぜ「いないいないばー」を喜ぶのでしょうか。考えてみましょう。

(2) 子どもの日常の言動の中で、「自己中心性」があらわれているものにどんなものがあるでしょうか。あなたが見聞きした中で考えてみましょう。

(3) 幼児期に十分に遊ぶ経験のない子どもには、どのような問題が生じる可能性があるか考えてみましょう。

3. 調べてみよう

(1) 乳児の能力は、「赤ちゃん研究」として新聞やテレビ、雑誌などのマスメディアでもときどき紹介されています。最近では赤ちゃんはどんな能力があるといわれているのでしょうか。新聞記事や雑誌の記事を調べてみましょう。

(2) 子どもはどんなふり遊びやごっこ遊びをしていますか？ 身近な子どもで観察してみましょう。

(3) 心理学の分野では、チンパンジーを対象とした研究も盛んに行われています。チンパンジーにどんな能力があるのか調べてみましょう（推薦図書　松沢哲郎『想像するちから―チンパンジーが教えてくれた人間の心―』　岩波書店）。

引用文献

Baron-Cohen, S., Leslie, A. M., & Frith, U. (1985). Does the autistic child have a "theory of mind?" *Cognition*, **21**, 37-46.

Campos, J. J., Langer, A., & Krowitz, A. (1970). Cardiac responses on the visual cliff in prelocomotor human infants. *Science*, **170**, 196-197.

Ellis, S., Rogoff, B., & Cromer, C. C. (1981). Age segregation in social interactions. *Developmental Psychology*, **16**, 355-361.

Fantz, R. L. (1963). Pattern vision in newborn infants. *Science*, **19**, 296-297.

Fantz, R. L. (1961). The origin of form perception. *Scientific American*, **204**, 66-72.

Gibson, E., & Walk, R. D. (1960). *The "visual cliff"*. In Readings from Scientific American: Contemporary Psychology. W. H. Freeman, 1971, pp.77-84. Origin: *Scientific American*, **202**, 64-71.

三木安正（編）(1958). 児童心理学　共立出版

Parten, M. B. (1932). Social participation among pre-school children. *Journal of Abnormal and Social Psychology*, **27**, 243-269.

Pascalis, O., de Hann, M., & Nelson, C. A. (2002). Is face processing species-specific during the first year of life? *Science*, **296**, 1321-1323.

参考文献

川島一夫・渡辺弥生（編）(2010). 図で理解する発達　福村出版

本郷一夫（編）(2007). シードブック　発達心理学　健帛社

無藤隆・岡本祐子・大坪治彦（編）(2004). よくわかる発達心理学　ミネルヴァ書房

村田孝次（1986）. 児童心理学入門　培風館

第 2 章

言　　葉

1. 言葉の働き

(1) 言葉の働き

　私たちは，言葉をどのような時に使っているでしょうか。人に何かを伝えたい時は，最も身近な経験でしょうが，意志や感情を伝えたり伝えられたりする時の，大きな役割を担っているのが言葉です。

　また，私たちは，いろいろと感じたり思ったりしていますが，その時に頭の中で大きな役割を果たしているのが言葉です。

　キャロル（Carroll, 1964 詫摩訳, 1972）は，これらを次のようにまとめて，コミュニケーションが言葉の主な働きとしました。「(1) 個人個人がお互いに伝達しあう反応のシステムとしての機能（個人間伝達），(2) 個人の思考や動作を容易にする反応のシステムとしての機能（個人内伝達）」。

　けれども，現在，一般にはコミュニケーションと思考を言葉の働きとして考える場合が多いため，ここでもこれら二つを採ることにします。

(2) 言葉とコミュニケーション

　人は生まれたその日からまわりとのコミュニケーションを必要としています。しかも人がもつコミュニケーションの手段の最大のものが言葉です。言葉の働きとして，まずコミュニケーションがあげられるゆえんがここにあります。

　ですから，言葉が増えることは，コミュニケーションの能力の増強につながります。

　たとえば，次の叙述を①から⑤まで順に読んでみてください。

　①そこに，人が立っていました。

②そこに，女の人が立っていました。
③そこに，若い女の人が立っていました。
④そこに，和服の若い女の人が立っていました。
⑤そこに，和服の若い女の人が，ほほえんで立っていました。

　アンダーラインの言葉が増えた言葉ですが，言葉が増えるにつれて，話題になっている人の叙述が細かになり，その人の像が鮮明になっていくでしょう。言葉によるコミュニケーションということでみると，より精確なコミュニケーションになっていくのです。

　ただし，このことは原則的なことで，言葉によるコミュニケーションが成立するためには，いくつかの条件が満たされる必要があります。

　まず，送り手が誰かということです。または，同じ人であっても，どのような立場や役割からコミュニケーションをしようとしているかということです。同じ人であっても，立場や役割によってコミュニケーションの内容が異なる場合が多いからです。

　同じ意味で，受け手の位置づけも重要ですし，送り手と受け手の関係の把握も重要です。そのことにより，コミュニケーションの内容や言葉の選択に影響が出てきますし，その効果に違いが出てくるからです。

　なお，コミュニケーションが成立する状況は，送り手と受け手が個人の場合のみでなく，機械的手段を用いて大量に情報を流すマス・コミュニケーションがあります。いわゆるマスコミですが，現代では，これについて，その特徴を知っておくことは大事なことです。

　マス・コミュニケーションについては，新聞，雑誌，ラジオ，テレビなどのマス・メディアによって，不特定多数の人々に情報や娯楽などを提供する活動とされていて，その過程について次のような特徴が指摘されています。

①送り手は巨大な組織的機構です。
②受け手は大量で不特定です。
③送り手と受け手が分かれています。
④コミュニケーションが一方通行であることがほとんどです。
⑤内容は大量で多様です。

(3) 言葉と思考

　言葉と思考の問題では，まず両者の関係がとりあげられるべきでしょう。言葉と思考は，別々の働きと考えたらよいのか，一体化していると考えたらよいのかという問題です。

　これは，ブラック（Black, 1968 金関訳, 1968）の言葉を使えば，「衣服型」か「メロディー型」かということになります。前者は，人の衣服の着脱は自由にできるように，言葉と思考とは分離しているとの考え方です。後者は，メロディーを考える時には，異なる楽器で演奏されても同じメロディーはやはり同じメロディーだということで，言葉と思考は一体化していると考えるのです。

　ただし，ブラックは，どちらかといえばメロディー型としていますが，「どちらも正しいし，間違ってもいる。お好みしだいなのである」と述べています。その理由は，衣服型で分離させた言葉にならない前の段階にあるものも，やはり一つの言葉と考えるからです。

　この議論がむずかしいのは，言葉をどのように考えるかという問題が絡んでくるからですが，ごく一般的に日本語や英語を考えて，言葉を覚える前の乳幼児などを考えると，思考は認められても言葉は認められない状況があることを認めざるを得ないように思います。しかし，言葉を獲得すると思考は言葉に依存するようになって，言葉と思考が一体化するように思われます。

　言葉と思考の関係を問題にする時，よくとりあげられる論争にピアジェ（Piaget, J.）の自己中心的言語の研究と，それに対するヴィゴツキー（Vygotsky, L. S.）の批判があります。

　ピアジェは，6歳児2人を観察し，その発言を次のような8種類に分類しました（表2-1）。

　反復（言葉を繰り返す場合です），独語（自分自身に話すものです），集合的独語（集団の中での独語で，まわりの者はただ刺激としてのみ役にたっています），適応的報告（特定の聞き手に対してコミュニケーションが成立するものです），批判（適応的報告と同じ性質のものですが，どちらかというと知的であるよりは感情的です），命令（要求や威嚇も入ります），質問（応答を要求するものです），応答（質問や命令に答えるものです）。

　このうち，自己中心的言語として，社会的言語に対するものが，反復，独語，

表2-1　6歳児の発言の分類 (Piaget, 1923)

		Pie	Lev
1	反復	2	1
2	独語	5	15
3	集合的独語	30	23
4	適応的報告	14	13
5	批判	7	3
6	命令	15	10
7	質問	13	17
8	応答	14	18
	自己中心的言語	37	39
	自発的社会的言語	49	43
	社会的言語	63	61
	自己中心性係数	0.43	0.47

（注）数値は％

集合的独語で，これらが，上記の8種類の中の応答を除いた7種類（いずれも自発的言語）の中でどのような割合を占めているかをみますと，自己中心性係数が算出できます。

　ちなみに，上記の6歳児2人（PieとLev）の自己中心性係数は0.43と0.47で，2人とも自発的言語の約半分が自己中心的言語ということになります。

　ピアジェは，自己中心的言語と自己中心的思考を結びつけて，ある年齢までは，子どもは大人よりも自己中心的に思考し行動すると考えました。また，自己中心的思考を，発達のうえで，自閉的思考と論理的思考の中間に位置づけ，思考の発達とともに自己中心的言語は消えると考えました。

　しかし，ヴィゴツキーは，ピアジェと同じような観察を行った結果，自己中心的言語を外言（音声を伴う言葉で，主要な機能がコミュニケーションにあります）から内言（音声を伴わない言語過程で，主要な機能が思考にあります）へ言葉が発達する中間の段階にあらわれるものと考え，自己中心的思考とは関係がないと考えました。音声化されている点では，自己中心的言語は外言と同じですが，その心理的機能は内言と同じと考え，自己中心的思考とは逆の立場になるとしたのです。自己中心的言語の存在を認めても，自己中心的思考とは無関係と考えた点に注意しましょう。

2. 言葉の獲得

(1) 言葉の獲得の理論

　乳幼児がどのように言葉を獲得するのかということについて，いくつかの考え方を紹介します。

1) 行動主義の見方

　行動主義とは，心理学の一つの考え方で，刺激と反応，環境と行動との関係を明らかにし，適切な環境刺激を用意することによって，必要な行動を形成させることができるとする立場です。

　この立場にたつ代表的な一人のスキナー（Skinner, 1957）は，話す反応が起こるいくつかの道筋を以下のようにあげています。

　一つは反響的反応（echoic response）として学習されるものです。これは聴覚刺激の模倣で，乳幼児の発話がまわりの言葉に似ていると，大人はほめたりしますが，これが乳幼児にとって報酬になって，この反応が確立されると考えるのです。

　また一つはマンド（mand）で，これはでたらめな乳幼児の発話ですが，その時の乳幼児の要求を満足させるように，大人が対応してしまうほど適切であるために起こるものです。

　さらに一つは，タクト（tact）で，ある理由で与えられた客観的な刺激に，乳幼児が特別な言語反応をし，それに報酬が与えられると，乳幼児は関連した刺激を経験するたびに，この反応かこれに類する反応をすることを学習すると考えるのです。

2) 生得説の見方

　生得説では，言葉は人間の一般的な成熟に密接に結びつけられている生物学的な基礎があると考えます。その代表的な一人であるレネバーグ（Lenneberg, E. H.）は，その証拠を次のようにあげています（Cramer, 1978）。

　①言葉は，人類に独特のものです。

　②人間のどの言葉も，意味論，統語論，音韻論について，類似の普遍的な原

理をもっています。

　③言葉の獲得についての発達的な順序はすべての文化の中で一様です。たとえば，どの文化の子どもも，4歳から6歳の間に，母語の重要な要素を習得しています。

　④言葉は容易に獲得されます。人間に深く根ざしているため，非常に不利な条件の中でも，子どもは言葉を覚えます。

　⑤言葉の獲得は，解剖学的，生理学的に，ある部分と結びつけられるという証拠があります。

3）心理言語学の見方

　心理言語学は広義には言語心理学と同義ですが，狭義にはチョムスキー（Chomsky, N.）の学問をさしています。ここでとりあげているのは後者です。チョムスキーは，乳幼児の言葉の獲得について，言語習得装置（LAD; language acquisition device）を想定し，乳幼児は生得的にそれをもっていると考えられ，これにより，一次的言語資料（乳幼児が母語を獲得するまでに接する言葉の総体）にもとづいて，母語の文法を形づくっていくと考えました。

（2）言葉の発達の様相
1）音　　声

　音声の発達は，産声から始まり，叫声期，喃語期を経て，模倣期に至るのですが，母音と子音の発達について次のような指摘があります（岩淵ら，1968）。なお，上記の喃語とは，一般に生後2ヵ月から7ヵ月頃にあらわれる「アウー」「バブー」といった発声をさしています。

　東京の乳幼児，児童について，1歳から11歳までの475人に，「アイウエオ」つまり母音を発音してもらって，その明瞭度を調べたところ，3歳になると「アイウエオ」のすべてについて85パーセント以上正しく聞き取れるように発音しているとのことです。1歳でも／ア／の発音はよく聞き取れますが，他はやや不明瞭であったり，かなり不明瞭であるとのことです。

　また子音については，次の条件をもつ音が早くできるようになるとのことです。①構音運動としてやさしい音，②耳で聞いて聞き分けやすい音，③言葉の

中に頻繁に出てくる音，④構音運動がよく見えるような音。

2）語　彙

語彙の発達については，使用語彙（個人がもっている語の中でとくに話したり書いたりする時に使える語の総称）か，理解語彙（個人がもっている語の中でとくに聞いたり読んだりした時に理解できる語の総称）か，という点から考えてみます。

使用語彙の問題では，乳幼児が発する言葉で大人が理解できる最初のものを初語（または，始語）といいますが，生後8ヵ月から1歳5ヵ月あたりのところで出現しており，次のような語があげられています（大久保,1975）。

ウマウマ（食べ物），マンマ（食べ物），ワンワン（犬），ドジョ（どうぞ），ブー（乗り物，動く物），ママ（母）。

また，幼児の使用語彙量について，次のような報告があります（村石・天野,1967）。

2歳までに200〜400，3歳までに800〜1000，4歳までに1500内外，5歳までに2000〜2400。

なお，理解語彙量については，6歳の男子で5606，女子で5158という報告があります（阪本,1954）。

3）文

「ワンワン」という乳幼児の言葉が，「犬がいる」や「犬が来た」を示しているという意味で，これを「一語文」といいます。1歳のころがこの長さで，2歳になると2〜3語となり，3歳になるとほぼ頂点に達します。

4）言葉の規則

言葉の規則としては，日本語を特徴づけている助詞をとりあげます。

藤友（1987）によれば，4歳，5歳，6歳の幼児に，絵カードを見せて話をしてもらい，その結果を分析したところ，どの年齢段階でも50パーセント以上が使用した助詞は格助詞でした。

「だいたい満3歳までには，おもな助詞はほぼ習得できると見られる」との

表2-2　4・5・6歳児が多用する助詞　(藤友, 1987)

格助詞	の，に，と，が，を，で
係助詞	も
副助詞	か
接続助詞	て，で，と
間投助詞	ね
終助詞	の

報告があり，「概して，終助詞・格助詞の習得が早く，接続助詞がこれにつぎ，副助詞がいちばん遅いようである」との報告もあります（永野，1959; 大久保，1967）。

（3）言葉の発達段階

言葉の発達について通覧しておきます。

わが国における言葉の発達研究のさきがけとなった『幼児の言語の発達』（久保，1922）によれば，2歳から6歳までのどの年齢段階においても，使用語彙の50〜60％が名詞である点が注意をひきます。

筆者は，言葉の発達をおおづかみにみる時は，「言葉の準備段階」「言葉の成立」「言葉を使いこなせる時期」「思考の深まる時」の分け方が有効と考えていますが（岩淵ら，1968），誕生から就学前までを10段階にとらえた分け方を紹介しておきます（大久保，1973）。

①言葉の準備期（0歳）
②一語文の時期（1歳前後）
③二語文の発生（1歳半前後）
④第一期語獲得期（2歳前後）
⑤多語文，従属文の時期（2歳半前後）
⑥文章構成期（3歳前後）
⑦一応の完成期（3歳〜4歳）
⑧おしゃべりの時期（4歳代）
⑨第二期語獲得期（5歳代）
⑩就学前期（文字興味時代）

3. 言葉と文化

(1) 言葉と文化

　言葉は文化の一つです。そのため，言葉が増えたり，言葉の意味が深化したり拡大したりすると，文化との関係が深まります。

　日本語を身につけさせることは，同時に，日本語を通じて"見たり""理解したり""認識したり"する能力も身につけさせることになり，いわば「日本語人」とでもよぶべき人間を育成することになります。

　たとえば，私たちは一般に，自分の子どもを他人に紹介する時，「うちの長女です」「長男の太郎です」のように，その子の出生順を前面に出すことが多いでしょう。いわゆる「続柄」です。

　ところが，アメリカ人が自分の子どもを紹介する時は，「むすこのジョン，むすめのナンシー」のようにいうだけで，その子どもの生まれた順番までは問題にしないと指摘されています。

　つまり，続柄を話題にすることが多く，そのことに関係した言葉をもっている日本人は，本来そのことには関係のないアメリカ人についても，「大統領の長女が結婚式をあげました」というような日本語に独特な言葉づかいや思考をしてしまうのです。アメリカの状況をみていても，日本語を基盤にして解釈してしまうため，そこに日本文化が反映することになります。

　もう一つ，言葉のもつ条件の違いが，ものの考え方に影響している例をあげてみましょう。日本語は，英語のように単数と複数を分けないため，分けた方が厳密に表現できる時でも，分けないで表現することができます。英語で，The sheep is jumping. The sheep are jumping. と単数と複数を分ける表現も，日本語では「羊がジャンプしている」で済みます。この場合，もちろん，前者については「一頭（一匹）の羊が…」，後者については「数頭（数匹）の羊…」「たくさんの羊が…」という表現も可能です。けれども，単数と複数を区別しない表現が可能であることに注意したいのです。

　英語を使う文化では，単数と複数を区別することを常に意識しなければなりませんが，日本語を使う文化では，そのような意識をもたなくてもよい点に注意したいのです。

(2) 言葉と認知

　認知とは，事柄について知識や理解を形づくる際の感覚，知覚，記憶，思考などの心理的な働きの総称で，言葉も関係すると考えられています。その認知と言葉がどのようなかかわりをしているのか一つの例をあげてみましょう（Neisser, 1967）。

　図 2-1 で，a のまとまりと b のまとまりを見てください。a は THE, b は CAT と読めると思います。それぞれの真中にある形は，a では H, b では A と読めるでしょう。ところが，それぞれの真中の形は物理的には同じものです。

　それぞれのまとまりが一つの言葉をあらわすと，そのことが認知に影響して，物理的には同じ形でも，同じと認知されないのです。

　言葉が，それを使用する者の思考過程または認知の仕方に影響しているという問題では，サピア＝ウォーフの仮説（the Sapir-Whorf hypothesis; ウォーフの仮説，ウォーフの命題，ウォーフ主義ともいわれています）といわれる仮説がよくとりあげられます。

　サピア，ウォーフともに，はっきりした形で仮説を出していないこともあって，この仮説は肯定すべきなのか否定すべきなのか明確ではありませんが，次のように指摘さています。サピアによれば，「人間は自分たちの社会にとって表現の手段となっているある特定の言語に多く支配されているのである」で，ウォーフによれば，「すべての観察者は，その言語的背景が同じであるか，または，何らかの形で統一化されうるようなものでない限り，同一の物理的現象から出発しても同一の宇宙像を描くとは限らない」です。

図 2-1　THE と CAT（Selfridge, 1955）

(3)"二人称"の「ぼく」

「ぼく」とは「男が同等（以下）の相手に対して使う，砕けた自称」とのことですが，この使い方に日本語の独特な面が出ていますので，ここでとりあげます（鈴木，1973）。

例をあげてみましょう。

①「ぼく，はやくいらっしゃい」と，母親が男の子を呼んでいます。

②テレビの中で「ぼくは，何をしているの」と若い男性が男の子に聞いています。

①にしても②にしても，使われている「ぼく」がさし示す人物は明らかです。

しかし，①では「○○ちゃん，はやくいらっしゃい」，②では「きみは，何をしているの」のほうが望ましい使い方といえるでしょう。「ぼく」は男性の一人称ですので，二人称のような使い方には違和感があります。

なぜ「ぼく」がこのように使われるのでしょうか。

その理由は，当該の子どもの立場からの，その子どもの使い方に，大人が同調しているとするものです。

実は，これが先に日本語の独特な面が出ていると指摘した点で，家庭で夫婦がお互いに「おとうさん」「おかあさん」または「パパ」「ママ」と呼びあっているのも，この夫婦の間に子どもを入れてみるとわかるでしょう。子どもの立場からみれば，「おとうさん」「おかあさん」または「パパ」「ママ」なのです。

けれども，こうして「ぼく」が，二人称として使われる理由がわかっても，女の子が使う「わたし」を，同じような状況と考えることには無理があるようです。

女の子の「わたし」は，男の子の「ぼく」のように頻繁に使われていません。女の子に対して「わたし，何をしているの」というような問い掛けをすることはあまりないでしょう。

したがって，上記の説明には，もう一つ何かを付け加える必要があります。

筆者は，幼児と交渉をもつ大人の多くが女性であるところに鍵があると思っています。家庭でも幼稚園や保育所でも女性の接触が格段に多いでしょう。

男の子を相手にして「ぼく」と呼ぶ者が女性である場合は，その女性が自分をさしているのではないことは明白ですが，女の子に対して「わたし」を同様

表 2-3　人称代名詞のあらわれ方 (岩淵ら, 1968)

	3歳			4歳			5歳			6歳		
	男	女	計	男	女	計	男	女	計	男	女	計
自分の名前	77.4	86.8	82.6	24.6	75.3	50.7	31.5	69.8	49.5	29.2	45.6	36.9
ぼく	74.2	10.5	39.1	92.7	1.4	45.8	87.0	0.0	46.1	96.9	0.0	51.6
おれ	10.0	0.0	4.3	11.6	0.0	5.6	21.3	1.0	11.8	9.2	0.0	5.0
わたし	0.0	39.5	21.7	0.0	45.2	23.2	0.0	35.4	16.7	1.5	31.6	15.6
あたし	0.0	15.8	8.7	0.0	19.2	9.9	0.0	28.1	13.2	0.0	49.1	23.0
ぼくたち	41.9	2.6	20.3	53.6	0.0	26.1	61.1	0.0	32.4	66.2	0.0	35.2
ぼくら	0.0	0.0	0.0	1.4	0.0	0.7	6.5	0.0	3.4	7.7	0.0	4.0
おれたち	0.0	0.0	0.0	6.8	0.0	2.8	13.0	1.0	7.4	7.7	0.0	4.0
わたしたち	0.0	15.8	8.7	0.0	32.9	16.9	0.0	32.3	15.2	0.0	38.6	18.0
わたしら	0.0	0.0	0.0	0.0	0.0	0.0	0.0	0.0	0.0	0.0	0.0	0.0

(注) 数値は％で，アンケートによる

に使うと，どちらをさしているのか混乱することが考えられます。

　しかしながら，こうした使い方は望ましいことではなく，女の子の場合は「○○ちゃん」「あなた」で支障がないわけですから，男の子の場合も「○○ちゃん」「○○くん」「きみ」を使う方が望ましいと考えられます。

　自分が「ぼく」でもあり「きみ」でもあることは，自分を客観化していくうえで重要な役割を果たすように思います。

　ちなみに，上記のような状況があるためか，幼児について「ぼく」と「わたし」のあらわれ方をみますと，表 2-3 にみるようにどの年齢でも「ぼく」は「わたし」より多くあらわれています。

■発展学習■

1. 復習しよう

(1) 自己中心的言語について，ピアジェとヴィゴツキーの考え方の違いを明らかにしなさい。

(2)「ぼくは，なにをしているの」という男の子への問いかけは，どこに問題があると思いますか。

(3) 生得説では，言葉の獲得をどのように考えていますか。

(4) チョムスキーによる言語習得装置（LAD）はどのような役割を果たすのですか。

(5) 認知に言葉が影響している例をあげなさい。

(6)「一語文」について説明しなさい。

(7) 使用語彙と理解語彙の違いを説明しなさい。

(8) 初語または始語の例をあげなさい。

2. 考えてみよう

(1) 私たちの生活の中で言葉はどんな役割を果たしていますか。

(2) 言葉によるコミュニケーションをうまく行うためには，どのようなことを考えたらよいと思いますか。

(3) 私たちの"考える"という活動の中に言葉はどのように関係していると思いますか。

3. 調べてみよう

(1) 子どもの言葉を豊かにするためにどのような大人の働きかけが考えられますか。

(2) 乳幼児に大人が語りかける時の注意すべき事項をあげなさい。

(3) 乳幼児への"読み聞かせ"が言葉の発達の問題では大事だといわれています。その理由を述べなさい。

(4) 幼児・児童と大人との言葉のやりとりの理想的な形を"言葉のキャッチボール"といっています。これをうまく成立させるためには，どのような注意が必要でしょう。

引用文献

Black, M. (1968). *Linguistics: The labyrinth of language.* New York: Preager. (上野直蔵（監）　金関寿夫（訳）(1968). 言語と人間　エンサイクロペディアブリタニカ日本支社)

Caroll, J. B. (1964). *Language and thought.* New York: Prentice-Hall. (詫摩武俊（訳）(1972). 言語と思考　岩波書店)

Cramer, R. L. (1978). *Writing, reading, and language growth.* Columbus, OH: Charles E. Merrill.

藤友雄暉 (1987). 幼児の語彙　福沢周亮（編）　子どもの言語心理2　幼児のことば　大日本図書　pp.15-55.

岩淵悦太郎・波多野完治・内藤寿七郎・切替一郎・時実利彦 (1968). ことばの誕生　日本放送協会

久保良英 (1922). 幼児の言語の発達　児童研究所紀要, **5**.

Lyons, J. (1972). *Chomsky.* London: Fontana/Collins. (長谷川欣佑（訳）(1972). チョムスキー　新潮社)

村石昭三・天野清 (1967). 言語発達文献—展望・リスト—　国立国語研究所

永野賢 (1959). 幼児の言語発達について—主として助詞の習得過程を中心に—　ことばの研究1　国立国語研究所

Neisser, U. (1967). *Cognitive psychology.* New York: Appleton-Century-Crofts.

大久保愛 (1967). 幼児言語の発達　東京堂出版

大久保愛 (1973). 幼児のことばとおとな　三省堂

大久保愛 (1975). 幼児のことばと知恵　あゆみ出版

Piaget, J. (1923). *Le langage et la pensée chez l'enfant.* Newchâtel: Delachaux et Niestlé. (大伴茂（訳）(1954). 臨床児童心理学1　児童の自己中心性　同文書院)

阪本一郎 (1954). 読書の心理　牧書店

Sapir, E. (1929). *The status of linguistics as a science.* (科学としての言語学の地位（抄）池上嘉彦（訳）(1970). 文化人類学と言語学　弘文堂　pp.1-3)

Skinner, B. F. (1957). *Verbal behavior.* New York: Appleton-Century-Crofts.

鈴木孝夫 (1973). ことばと文化　岩波書店

Vygotsky, L. S. (1962). *Thought and language.* Cambridge, MA: MIT Press. (柴田義松（訳）(1962). 思考と言語　明治図書)

Whorf, B. L. (1940). *Science and linguistics.* (科学と言語学　池上嘉彦（訳）(1970). 文化人類学と言語学　弘文堂　pp.47-63.)

参考文献

福沢周亮（編）(1987). 子どもの言語心理1　児童のことば　大日本図書

福沢周亮（編）(1987). 子どもの言語心理2　幼児のことば　大日本図書

福沢周亮・池田進一（1996）．幼児のことばの指導　教育出版
福沢周亮（監）　藪中征代・星野美穂子（編）（2008）．保育内容・言葉―乳幼児のことばを育む―　教育出版

第3章
家　　庭

1. 家族コミュニケーション

　家族は生きているシステムです。この家族システムはコミュニケーションによって動きます。独身時代は自分ひとりのコミュニケーションシステムが機能していました。結婚すると互いに相手のことを配慮しあう関係が始まります。子どもが生まれるとその関係はさらに一転します。それは，大人中心の生活スタイルから子ども中心の家族システムに大転換することによるからです。子どもの表情や小さな変化も二人の関心の的になる生活の転換です。

　それを子どもたちは（乳児も幼児も），言葉やまなざし，抱き取られる感覚などすべてのチャネル（情報媒体）を通じて感じ取っています。

　子どもが発するさまざまなサインをくみとる力，勘どころは，多くの場合，接触時間の多い親（父または母）が先に獲得します。親子相互作用として子どもによって親が育てられることによるのです。子どもから発せられる家族へのコミュニケーションの最初の働きであるのです。

　その時に，親と子の間には同じ意味を共有する感覚，間主観性が成立しています。間主観性とは一緒にいる親と子が言葉を使わなくても同じ意味やニュアンスを共有する感覚です。言葉が十分ではない時代にすでに密度の高い親子のコミュニケーション，家族メンバー間のコミュニケーションが絶え間なく行われているしるしといえます。このように間主観性はコミュニケーション能力の土台となる感覚です。言葉ではうまく表現できなくても子どもはその場で起きていることの意味やニュアンスを感じ分けていく力を確実に育てているのです。

　たとえば，母さんが「エー」という顔をすると1歳のチビさんも「エー」という表情をする。母さんが「メッ」といったとたんにチビさんは（意味をくみ

1. 家族コミュニケーション

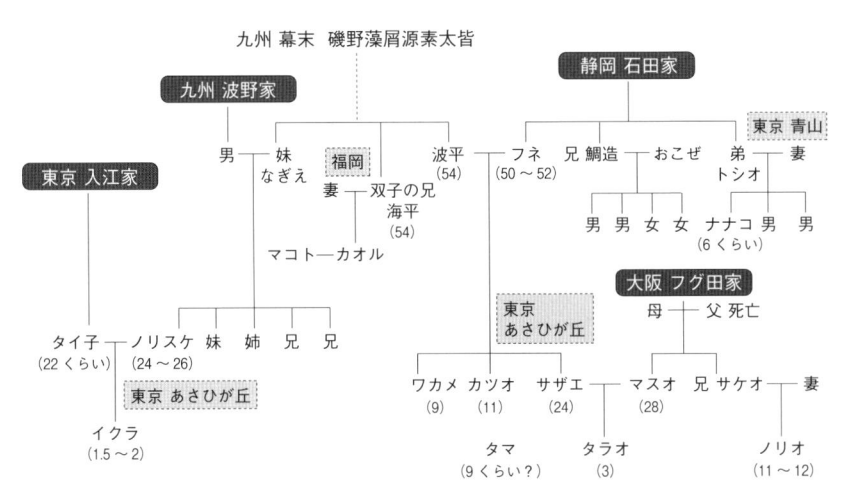

```
                    九州 幕末 磯野藻屑源素太皆
                  ┌──九州 波野家──┐     ┌─静岡 石田家─────────────┐
                  男─妹        波平──┬──フネ  兄 鯛造─おこぜ   弟──妻    東京 青山
                    なぎさ  福岡  (54)    (50〜52)              トシオ
                         妻─双子の兄                ┌─┬─┐         ┌─┬─┐
東京 入江家                  海平                   男 男 女 女      ナナコ 男 男
                              (54)                                (6くらい)
                         マコト─カオル
                                              東京          ┌─大阪 フグ田家─┐
                                            あさひが丘       母──父 死亡
タイ子─ノリスケ─妹 姉 兄 兄                ┌──┬──┐       ┌────┬───┐
(22くらい) (24〜26)                      ワカメ カツオ サザエ  マスオ 兄 サケオ─妻
          東京 あさひが丘                  (9)   (11)  (24)   (28)
          イクラ                              タマ   タラオ         ノリオ
          (1.5〜2)                         (9くらい?)  (3)        (11〜12)
```

図 3-1 サザエさんの家系図 (http://blogs.yahoo.co.jp/rareine/32605545.html を参考に作成)

ジェノグラム (genogram) は 2 〜 3 世代以上の家族メンバーの構成とその人間関係を記載する家系図作成法のこと。ジェノグラムを用いることによって，複雑な家族構造や家族メンバー間の情緒的関係を視覚的に把握することができます。

コラム 3・1

あなたのうちの家族関係は？

サザエさんの家系を例にして自分の家系を描いてみよう。ジェノグラムの記号を使ってみよう。

ジェノグラムの記載方法

── 良好な関係

…… 疎遠な関係

═══ 過干渉・密着関係

∧∧∧ 敵対関係

─||─ 断絶関係

とって）「ウエーン」と泣きべそ顔になる。表情，しぐさ，うなずき，笑い，イヤイヤ…，さまざまな場面に「同じ意味の共有」がある間主観性の証拠を観察することができます。家族のメンバーが複雑な動き方をする状態におかれると，家族システムはバランスを保とうとするかのように家族ホメオスターシスを働かせ始めます。ホメオスターシスとはもともとは生理的に体のバランスを一定条件に保とうとする働きをいいます。塩分が不足すると「何か塩辛いもの」を欲しくなる，汗をかいて水分が不足すると「のどが渇いた」要求が生まれるという具合に，一定の生理的状態を保とうとする機能です。

家族ホメオスターシスは家族の心理的なバランスを一定に保とうとする機能です。仲のよい夫婦の間に赤ちゃんが生まれると，大変うれしいことです。ところが初めて母親になったママは突然，日夜赤ちゃんの世話に明け暮れる生活になります。夫に気を遣う余裕がなくなるのです。

原初的没頭（Winnicott, 1971）といいますが，赤ちゃんのことだけが関心の的になる時期があるのです。この時夫婦の間には小さな危機（crisis）が生じています。妻の関心が薄らいで自分が二の次にされていると感じた夫は，仕事依存や仲間とのつき合いに時間をさくようになります。妻が母となるように，夫も父となる変化が求められる時ですが，独身時代の「彼」に戻ってしまう行動です。家族の小さな危機です。以前と同じ待遇を妻に期待するならば夫婦の間に諍いが生じます。家族ホメオスターシスは家族成員間の変化に伴う役割のバランスを調整する機能であるといえます。エリクソン（Erikson, 1982）はこの危機を乗り越えないと家族バランスに問題が生じることを指摘しています。

家族コミュニケーションは，言葉によるコミュニケーションだけではなく，声のトーン，表情，態度，しぐさなどさまざまなチャネルを通じて行われます。そのさまざまな意味，相手の考えや意図，気分の変化を，家族のメンバーは一瞬の動きでとらえます。言葉では伝えきれない，または伝えたくない気持ちも読み取れるのです。それがスムーズに進む家族は理解力のある家族といえます。

建前が先行して子どもからのメッセージを受け止められない家族はコミュニケーション機能に支障が起きているということになります。家族のコミュニケーションは柔軟な家族システムの働きによってそれぞれのメンバーの心理的な居場所感を支えるのです。また，家族コミュニケーションの質を考える時に

は，全体としての家族（family as a whole）の視点が重要です。一人の問題は必ず，「全体としての家族」との関係でとらえる必要があります。

2. 愛着の成立過程

母と子の関係は深い心理的な意味あいを含んで始まります。乳児は生後7，8ヵ月になると母と他者を区別し，いわゆる「人見知り」「7ヵ月不安」の反応を示します。さらに1歳半前後になると，いわゆる「あとおい」現象が強くなり，母の姿が見えなくなることに対して激しいおびえや不安を示します。これ

表3-1　社会的愛着の発達の4段階（村田，1986）

段階	年齢	特徴
段階1	出生から3ヵ月	子どもは育児者との密着を保つために，吸乳・乳首の探索・把握・微笑・抱きつきおよび追視を用いる
段階2	3ヵ月から6ヵ月まで	子どもは未知の人よりも既知の人の姿に積極的に反応する
段階3	7ヵ月から2歳頃まで	子どもは愛着する対象への身体的な接近と接触を求める
段階4	2歳頃から	子どもは接近したいという要求を満足させるために，愛着対象への行動に影響を与えるような，さまざまな行動を用いる

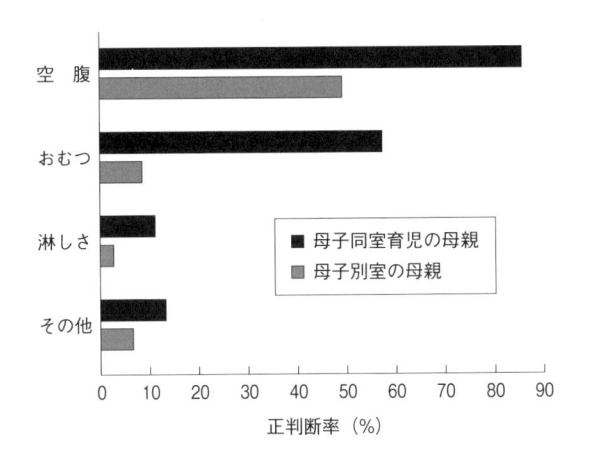

図3-2　母親が示した子どもの泣き声への解釈能力

は母と子の間にアタッチメント（attachment：愛着関係―なつきの関係）が成立していることを示す現象です。安定した愛着関係が成立した子どもは，次のステップで徐々に母からの分離・独立をはかる動きを始めます。それはウィニコット（Winnicott, D. W.）によれば，ほどよい母（good-enough mother）のもとで十分に情緒的な安定を得ている子どもが，現実には母が（ゴミを捨てに行っていて）いま，ここにいないにもかかわらず，あたかも（さっきまでと同じように）いま，ここに母がいるのと同じ実感を得ることができるようになるという心理的な体験です。これはエリクソンの基本的信頼（basic trust）の獲得と通じる意味をもつものです。この，母の不在にもかかわらず母の存在を実感できる体験をもつようになった時，子どもは不安を感じずに母からの分離・独立を試みるようになります。

このような母と子の相互関係のなかで子どもは愛着関係を確実なものとし（表3-1），母と子の間の相互理解力（図3-2）も形成されていくのです。

3. 家族関係が子どもに及ぼす影響

(1) 親子関係と人格形成

親子の関係は人格形成に深く関係します。

「暖かな家で育った子どもは人への温かな心から学び始めるが，冷たい家庭で育った子どもはまず自分を守ることから周囲とのかかわりを始める」といったのはカナー（Kanner, 1943）でした。物質的な豊かさ貧しさとは異なり，親子関係の心理的な質は子どもの人格形成に強い影響を及ぼします。赤ちゃんの時代，子どもは周囲の人々に完全に依存した状態にあります。ボウルビィ（Bowlby, 1969/1982, 1973）は親子の安定した母子相互作用の中で愛着（attachment）が形成され，愛着形成の不全は情緒障害や病気への罹患率を高めること，また幼児の分離不安は母への愛着が形成された結果であるとも指摘しています。子どもは具体的で身近な家族とのかかわりの中で人格形成を始めます。

親の養育態度が子どものパーソナリティ形成に強い影響を及ぼすのは両親の態度，とくに母親のかかわり方が一定の態度を持続的に一人の子どもに向ける

3. 家族関係が子どもに及ぼす影響

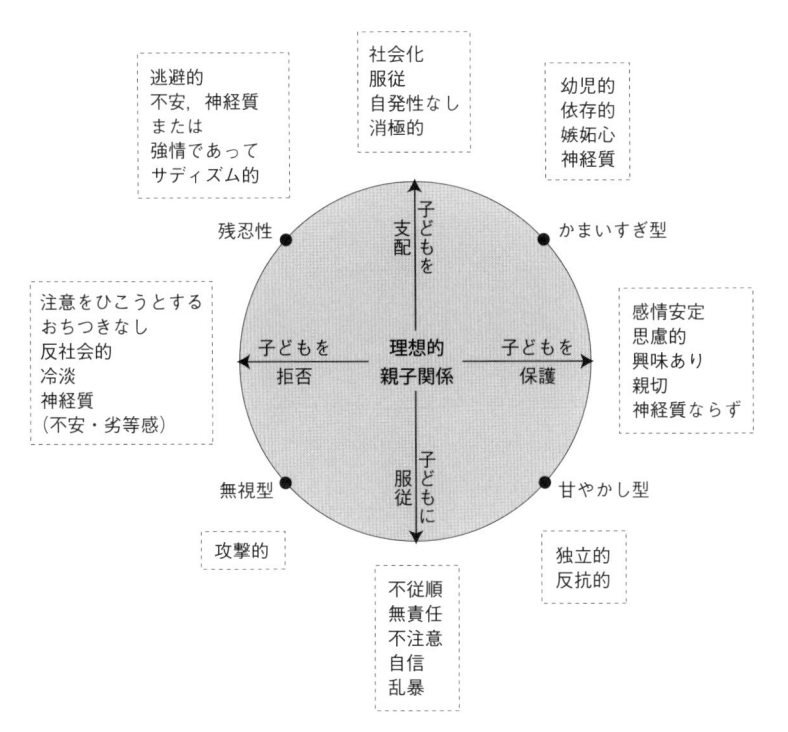

図 3-3 親の態度と子どもの性格（宮城, 1960）

（注）子どもに対する親の態度とそれによって形成される，主な子どもの性格特性

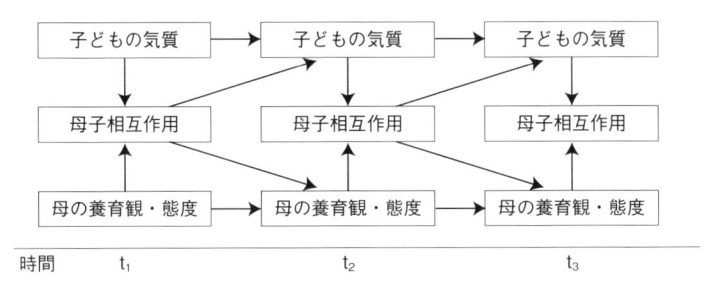

円の周囲（時計回りに上から）:
- 子どもを支配
- かまいすぎ型
- 子どもを保護
- 甘やかし型
- 子どもに服従
- 無視型
- 子どもを拒否
- 残忍性

中心: 理想的親子関係

周辺ラベル:
- （上）社会化／服従／自発性なし／消極的
- （右上）幼児的／依存的／嫉妬心／神経質
- （右）感情安定／思慮的／興味あり／親切／神経質ならず
- （右下）独立的／反抗的
- （下）不従順／無責任／不注意／自信／乱暴
- （左下）攻撃的
- （左）注意をひこうとする／おちつきなし／反社会的／冷淡／神経質（不安・劣等感）
- （左上）逃避的／不安，神経質／または／強情であって／サディズム的

図 3-4 母子相互作用の縦断的流れ（三宅・陳, 1981）

時間: t_1 　 t_2 　 t_3

各時点で「子どもの気質」「母子相互作用」「母の養育観・態度」が相互に影響し合う図。

ことによっています。親の養育態度を類型化してとらえ，子どものパーソナリティの特徴との関係を調べたサイモンズの先駆的研究（Symonds, 1939）から以下に紹介します。サイモンズは，拒否－受容の保護次元と，支配－服従の社会化次元の2つの直行軸を想定し，その組み合わせから残酷，無視，干渉，甘やかしの4つの類型を設けています。その中心に理想的な親の態度を据えました（図3-3参照）。またボールドウィン（Baldwin, 1897）らは，民主型，溺愛型，専制型，拒否型，放任型の5類型を親の養育態度にあげています。

このような研究ではしばしば父親のかかわりが軽視されてきていましたが，最近の見解では父親を含めた家族のダイナミズム，家族ホメオスターシスを重視するものとなってきています。日本では品川らの親子関係診断テスト（品川, 1958）では親の養育態度に2次元，8類型をおき，それとは別に親の一貫性のない態度（矛盾型）と，両親で異なる態度を示す（不一致型）をあげています。

さらにここで留意しなければならないのは，親の養育態度に対する子どもの側の認知です。子どもの側の認知と親の側の認知にずれが生じていれば，正確な解釈はできないことになります。

乳幼児期の発達的気質の違いは親のかかわり方に影響を及ぼします。トマスら（Tomas et al., 1970）は，①気楽な子ども，②取り扱いのむずかしい子ども，③何をするにも時間がかかる子どもにより母子関係に違いが生まれることを指摘しています。ブラゼルトン（Brazelton, 1973）は普通の赤ちゃん，活発な赤ちゃん，おとなしい赤ちゃんが最初のかかわりに及ぼす子どもの側の素質としています。長子的性格，中間子的性格，末子的性格も同様に性格形成に影響しています。

親自身の精神的な緊張や不安，また情緒的な余裕の有無などの状態も子どもの人格形成に関係します。親の側からみると精神的に余裕がある時には子どもの気持ちの読み取りはスムーズに進み，安心しあえる親子の状況が保たれることになります。親の側に緊張や焦り，強い期待などがあると，子どもに対しては必要以上の管理や干渉，強制や圧力の態度が多くなります。親が疲れていたり不安や心配にとりこまれていると，子どもに対して過度の心配を向け，過保護や溺愛の態度をとることになるのです。

親が愛情を注いでいるゆえの行動と考えていても，親の養育態度への子ども

表 3-2　気質による子どもの分類 (Thomas et al., 1970)

	子どものタイプ	手のかからない	何をするにも手間がかかる	取り扱いがむずかしい
活動水準	活動時間とじっとしている時間の割合	不定	低度または中	不定
協調性	空腹や排泄，睡眠や起きている時間の規則性	非常に規則的	不定	不規則
散漫度	どの程度の刺激で，行動に変化が起きるか	不定	不定	不定
接近・逃避	未知の人や新しい事物への反応	積極的に接近	初期の逃避	逃避
順応性	環境の変化に適応する難易度	非常に順応的	時間をかけて適応	時間をかけて適応
注意力の範囲と持続性	ある行動にかけた時間と，その行動に関しての気分転換の効果	高または低	高または低	高または低
反応の強さ	反応の激しさ，その質や内容には無関係に	弱または中	中	強
感受性の閾値	はっきり見分けのつくだけの反応を引き起こす刺激の強さ	強または弱	強または弱	強または弱
気分の質	友好的，快活で嬉々とした行動と，不機嫌で意地の悪い行動との対照	陽性	やや陰性	陰性

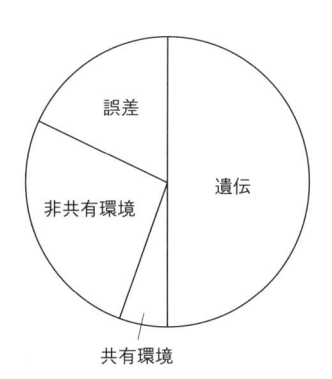

図 3-5　性格の個人差に及ぼす遺伝と環境の影響 (安藤, 1994 より)

側の認知は異なることがあります。親子の間にこのようなずれが生じていれば感情の行き違いが起こり，日常的に緊張の多い状況が人格形成に影響を及ぼすことになるのです。

　子どもはそれらの影響を受けてさまざまな性格形成の道筋をつけていきます。

親のかかわり方はこのように同一の家族の中にあっても一人ずつに違うものであることを考える必要があります。

その背景にあるのは親の年齢，教育歴，社会的地位，収入，職業，価値観，性役割観，家族内の緊張の有無，育児姿勢，育児環境，子どもの年齢の開き，親の既往，子どもの丈夫さと病気経験の有無などさまざまな環境的な要因が影響しているといえます。

子どもはこのような親からのかかわり方ときょうだい関係の影響を受けて，大らか，のんき，人なつこさ，積極性，負けず嫌い，甘え上手，要領のよさ，恥ずかしがり，引っ込み思案，神経質，几帳面，緊張しやすさ，消極性，諦めやすさ，こだわり，こわがり，過敏さ，依存性などさまざまな性格・行動傾向を身につけることになるといえます。

その他にも祖父母の存在や近所の子ども環境の影響，子ども自身の身体的条件（健康度，身長体重など）が他児との比較のうえで人格形成に影響を与えます。

（2）家族関係のひずみと子ども

家族関係のひずみは子どもには選択権がないうえにその影響は強く及びます。ことに今日の家族関係は社会環境の影響により複雑な状況になることが少なくありません。

家族の姿は祖父母同居の3世代家族から単親家族までさまざまです。そこで営まれる家族内のコミュニケーションの状態も多岐に及びます。

家族関係のひずみは家族内人間関係のコミュニケーションのズレから考える必要があります。

子どもが問題行動を起こしている時，それは「その子どもに問題」があるのでしょうか。それとも，その子を含む「家族が病んでいる結果」なのでしょうか。家族をシステムとして考える立場からミニューチン（Minuchin, 1974）らは後者の見方をとります。家族内の一人の問題（問題行動や心身反応，神経症など）は家族全体の問題，家族システムに機能障害が生じた結果であると考えるのです。

家族システムが歪んでいても家族はそれに気づかないことが多いものです。そのような時，その家族は「悪い・問題な」子をもつことで，かろうじて安定

表 3-3　きょうだいの出生順位と性格 (依田, 1989)

	項目内容
長子的性格	・何かする時に，人の迷惑になるかどうかをよく考える ・欲しいものでも，遠慮してしまう ・自分の用事を平気で人に押しつけたり頼んだりする ・あまりしゃべらないで，人の話を聞いていることの方が多い ・お母さんによく口ごたえする ・面倒なことは，なるべくしないようにする ・もっと遊んでいたい時でも，やめねばならない時にはすぐやめる ・仕事をする時，ていねいに失敗のないようにする ・いつもきちんとしていないと気がすまない ・よそへ行くと，すましやさんになる
次子（末子）的性格	・お母さんにいつも甘ったれている ・お父さんにいつも甘ったれている ・お母さんに告げ口する ・人にほめられたりすると，すぐにお調子に乗ってしまう ・お父さんに告げ口する ・とてもやきもちやき ・おしゃべり ・外へ出て遊んだり，騒いだりする ・人のまねをするのがじょうず ・すぐ「ぼく（私）知っている」などと言って，何でも知っているふりをする ・無理にでも自分の考えを通そうとする ・食べ物に好き嫌いがたくさんある ・少しでも困ることがあると，人に頼ろうとする ・せっかち ・はきはきして，ほがらか
中間子的性格	・気に入らないと，すぐに黙り込む ・よく考えないうちに仕事をはじめて，失敗することが多い ・面倒がらないで，仕事を一生懸命にする

を保っていることがあります。別の見方をすると，家庭内暴力などの行動化（acting out）をする「むずかしい」子こそが両親や家族全体をまとめているといえるのです。

　もう一つの場合は，「親の役割をとる子ども」です。この子たちは忍耐心と責任感が強く，大人から見ると一見「良い子」です。彼らは家族内で，過重に責任を果たそうとするのです。親の期待を先まわりしてくみとり，親の意に添うように弟妹にもかかわります。極端な場合には親子の役割の逆転が生じ，子ど

もが親をかばい，親に気を遣い親を和ませる行動もとります。それでいてこの役割の逆転はカムフラージュされており，（心身症や不登校気味などの）症状をあらわしている子が，親を煩わせる問題の子，と親からは評価されているのです。

家族の病理についての代表的な概念には代表的な二つの理論があります。①二重拘束（double bind）の理論と，②家族ホメオスターシス（family homeostasis）の理論です。

二重拘束とは，家族の中の「犠牲者」が一つの状況で，同じ時に，矛盾したメッセージを与えられ，心理的に立ち往生する状態をいいます。

次の例は，母親が子どもに言葉で与える指示と，態度やしぐさで示す指示がまったく対立している場合です。子どもはどちらの指示に従っても母に否認されることを知っており，混乱を起こしていきます。

> 「食べたくなければ食べないでいいのよ」と母は言いつつ，その目は「食べない子は許さない」という気持ちを示していた。それを察して，吐き気を覚えながらも食べようとすると，母はKの態度に責めを覚え，「食べないでいい，といったでしょ」と叱る。Kはますます胸苦しさを覚える。

このような二重拘束状態を幼児期より繰り返し経験させられると，子どもはコミュニケーション機能に混乱が生じ，後に分裂病（統合失調症）的行動をもたらすとベイトソン（Bateson, 1972）らは論じていました。

家族ホメオスターシスとは，家族が危機状況に直面した時，安全性を保持しバランスを取り戻そうとして家族成員がある機能をとることをいいます。つまり，「問題の子」の状態が改善されると家族の他の構成員に障害があらわれるという現象です。

> 息子の不登校気味の行動に精魂使い果たしていた母が，ようやく学校に通い始めた息子の回復ののち，空の巣状態になりアルコール依存に傾斜。姉が家事をカバーするようになったが家の中の緊張感は続いている。父は相変わらず帰宅が遅く無関心。

コラム3・2

家族事例から―だれが問題のひとでしょう―

事例1（不登校小学生の家族）9月，長男（小5）中学受験塾の過熱から情緒不安定，不登校に。父母，祖母ともに登校圧力。受験断念決定後も不登校持続。5ヵ月後（1月）登校再開となる。兄が登校開始となった1月，次男（小3）分離不安型不登校に。兄「怠け！　ずる休み！」と弟を責める。回復は祖母＝父連合が解消し，父＝母協力が成立したのちに始まった。

事例2（拒食症・不登校の家族）父母とも教師で多忙。年子の姉に責任を負わせる。12月弟（高1）神経症型の不登校に。高2の3月まで不登校，休学。その間父母不在の昼間，姉は高校から帰ると弟への気遣いを続ける。弟が高校に留年後再登校を開始した年の半年後（10月）姉（高3）が拒食症となる。大学進学後，拒食症悪化，休学，母子分離不安強く，母の学校の駐車場の車の中で下校時間を待つ生活。回復は，母が休職し姉の治療に付き添う生活に切り替えたのちに始まる。

事例3（家庭内暴力・不登校→過食症・不登校の家族）隣に祖母宅。父母ともに公務員。祖母は子ども嫌い。9月長男（小5）家庭内暴力とともに不登校となる。父不干渉，母は昼休み1時間自宅に戻るやりくり。日中長男は二人の弟たちに乱暴，支配。長男小5の2月まで不登校。この間，次男（小2）は夕刻まで外で過ごす生活。長男が中1になった5月，次男（小5）過食症と不安型不登校となる。中学2年まで。回復は，母が3男（小4）の未熟型不登校を受けて仕事を整理，家族に本腰を入れるようになったのちに始まる。

これはこのような家族の場合には常に誰か一人病んだ一員，症状をあらわす一員（IP: identified patient）をもつことにより家族システムを安定させていることを意味しています。家族構成員の一人に焦点を当てるのではなく家族システムを全体として変えない限り，家族の中に問題は起こり続けることを，考える必要があるのです。

■発展学習■

1. 復習しよう

(1) 家族コミュニケーションはどのようなチャネル（媒体）を通して行われますか。

（回答欄）

(2) 親の養育態度によって子どもの人格形成が影響を受けるのはなぜでしょうか。

（回答欄）

(3) 家族関係のひずみを家族内コミュニケーションのずれによると考えるのはどのような理由によるのでしょうか。

（回答欄）

2. 考えてみよう

(1) 家族ホメオスターシスの危機はどのような時に起きるのか考えてみましょう。

（回答欄）

■発展学習■ 49

(2) 子どもの側がもつ要因によって親のかかわり方が変わるのはどうしてでしょうか。

(3) 「『むずかしい子』こそが両親や家族をまとめている」という理由を考えてみましょう。

3. 調べてみよう

(1) 母と子の間に生じている間主観性の場面を観察し、記録してみましょう。

(2) 愛着の形成と愛着の障害について調べてみましょう。

(3) IP（identified patient）について調べてみましょう。

引用文献

Baldwin, J. M. (1897). *Social and ethical interpretation in mental development.* New York: Macmillan.
Bowlby, J. (1969/1982). *Attachment and loss.* Vol. 1. *Attachment.* New York: Basic Books.（黒田実郎・大羽蓁・岡田洋子・黒田聖一（訳）（1991）．母子関係の理論Ⅰ ―愛着行動― 岩崎学術出版社）
Bowlby, J. (1973). *Attachment and loss.* Vol. 2. *Separation.* New York: Basic Books.（黒田実郎・岡田洋子・吉田恒子（訳）（1977）．母子関係の理論Ⅱ―分離不安― 岩崎学術出版社）
Brazelton, T. B. (1973). Neonatal Behavioral Assessment Scale. *Clinics in developmental medicine,* No.50. London: Spastics International Medical Publications.
Kanner, L. (1943/1973). *Childhood psychosis: Initial studies and new insights.* Washington, D. C.: V. H. Winston.
宮城音弥（1960）．性格　岩波書店
宮城音弥（1967）．天才　岩波書店
Galton, F. (1869). *Hereditary genius: An inquiry into its laws and consequences.* London: Macmillan.（甘粕石介（訳）（1935）．天才と遺伝　岩波書店）
三宅和夫・陳省仁（1981）．乳幼児発達研究の新しい動向（二）　児童心理10　金子書房
村田孝次（1986）．児童心理学　培風館
Plomin, R. (1990). *Nature and nurture: An introduction to human behavioral genetics.* Pacific Grove, CA: Brooks/Cole.（安藤寿康・大木秀一（訳）（1994）．遺伝と環境　人間行動学入門　培風館）
品川不二郎（1958）．親子関係診断テスト　日本文化科学社
Symonds, P. (1939). *The psychology of parent-child relationship.* New York: Appleton-Century Crofts.
Thomas, A., Chess, S., & Birth, H. G. (1970). The origin of personality. *Scientific American,* **223**．（本明寛（訳）（1972）．人格はどのように形成されるか　本明寛（監訳）不安の分析　別冊サイエンス　日経サイエンス社）
依田明（1989）．きょうだい関係と性格　依田明（編）　性格心理学新講座　第2巻　性格形成　金子書房　pp.234-247.

参考文献

Ackerman, N. W. (1958). *The psychodynamics of family life.* New York: Basic Books.（小此木啓吾・石原潔（訳）（1967）．家族関係の理論と診断　岩崎学術出版）
Erikson, E. H. (1982). *The life cycle completed.* New York: W. W. Norton.（村瀬孝雄・近藤邦夫（訳）（1989）．ライフサイクル，その完結　みすず書房）
金田利子・岡野雅子・室田洋子（編）（1995）　生活者としての人間発達　家政教育社

桂広介・真仁田昭・長島貞夫・原野広太郎（編）(1988). 子どもの教育相談室　金子書房
Minuchin, S. (1974). *Families and familiytherapy*. Cambridge, MA: Havard University Press.（山根常男（監訳）(1984). 家族と家族療法　誠信書房）
本明寛（編）(1989). 性格心理学新講座　第1巻　性格の理論　金子書房
詫摩武俊（監）(1998). 性格心理学ハンドブック　福村出版
詫摩武俊（編）(1998). 性格（こころの科学セレクション）　日本評論社
日本家族心理学研究会（編）(1984). 心の健康と家族　家族心理学年報2　金子書房
詫摩武俊 (1967). 性格はいかにつくられるか　岩波書店
梅津八三他（編）(1957). 心理学事典　平凡社
依田明（編）(1989). 性格心理学新講座　第2巻　性格形成　金子書房
遊佐安一郎 (1986). 家族療法入門　星和書店
Winnicott, D. W. (1971). *Therapeutic consultation in child psychiatry*. London: The Hogarth Press.（橋本雅雄（訳）(1987). 子どもの治療相談（①，②）　岩崎学術出版）

第4章

障害のある乳幼児や気になる子ども

　ここまで，乳幼児の発達や乳幼児をとりまく家庭と子どもとの関係についてみてきました。乳幼児の中には，生まれた時から障害がある，もしくは発達をしていく途中で障害に気がつくこともあります。また，障害の診断はないのですが，気になる特徴のある子どもがいます。子どもたちの保育や教育に携わる場合，このような障害のある乳幼児および「気になる子ども」について知識や理解をもつ必要があります。この章では，乳幼児期の障害のある子どもおよび「気になる子ども」をどのように早期発見し，支援を行っているのかについてみていきます。

1. 障害の早期発見・支援の場

　発達の著しい乳幼児期の子どもにとって，障害が早期に発見され，支援が行われることは，子どもの発達を支えるうえで重要なとりくみです。地域では，どのように子どもの障害の早期発見を行っており，どのような支援の場があるのでしょうか。

（1）障害の早期発見
　障害のある子どもたちは，①生まれてまもなくもしくは0歳代に障害があることがわかる，②乳幼児健康診査（乳幼児健診ともよばれる）時に障害があることがわかる，③幼稚園や保育所に在園中に障害があることがわかる，というようにいくつかの場で障害が発見されます。また，近年では，障害の診断は受けていないが，④幼稚園や保育所に在園中に「気になる」特徴があることがわかるといった「気になる子ども」の報告もあります。

生まれてまもなく障害があることがわかる乳幼児は，身体や内臓の奇形がある，染色体異常がある場合です。また，出産を含めた出産前後の周産期に何らかの問題がある場合も医療機関の経過観察とともに子どもの発達を注意深く観察していく必要があります。その他，障害の早期発見の一つの手段に，新生児の時に行う，先天性代謝異常スクリーニングや新生児聴覚スクリーニングがあります。酵素の欠如による食べ物の代謝異常がないか，音が聞こえているかどうかを確認し，障害を早期発見することにより，障害の発症の予防や聴こえを補なう支援を行っていきます。

乳幼児健診は，母子保健法の下に保健所や保健センター，医療機関で行われ，障害が発見される場合は，0歳代の乳児健診や1歳6ヵ月健診がその最初の機会となります。その中でも，1歳6ヵ月健診は，障害の早期発見のうえで重要な健診です。子どもの運動発達や認知発達，言語発達の遅れがすべてある場合は，何らかの障害があることが予測されます。運動発達は良好である場合は，認知発達や言語発達の遅れ，人とのかかわりの様子からその後の子どもの発達

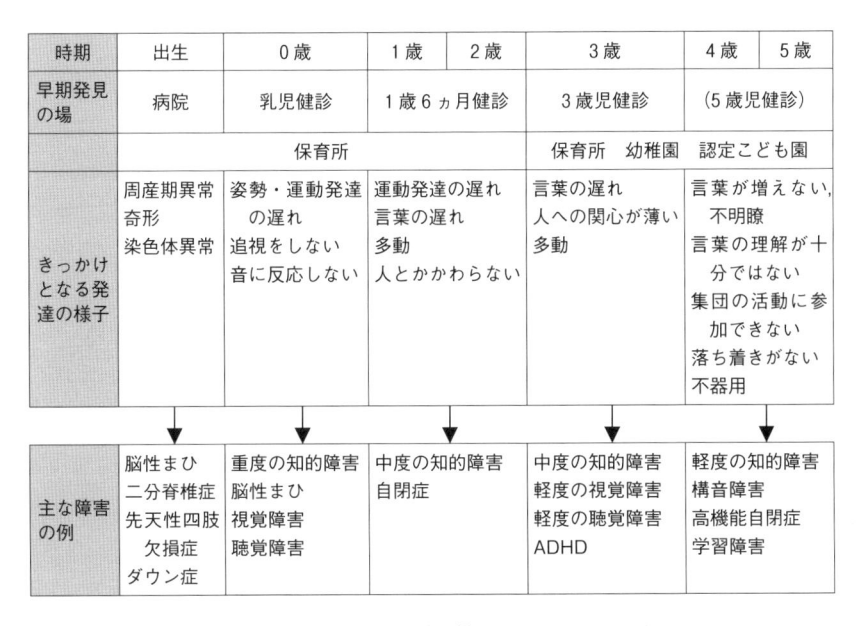

時期	出生	0歳	1歳	2歳	3歳	4歳	5歳
早期発見の場	病院	乳児健診	1歳6ヵ月健診		3歳児健診	(5歳児健診)	
		保育所			保育所　幼稚園　認定こども園		
きっかけとなる発達の様子	周産期異常 奇形 染色体異常	姿勢・運動発達の遅れ 追視をしない 音に反応しない	運動発達の遅れ 言葉の遅れ 多動 人とかかわらない		言葉の遅れ 人への関心が薄い 多動	言葉が増えない，不明瞭 言葉の理解が十分ではない 集団の活動に参加できない 落ち着きがない 不器用	
主な障害の例	脳性まひ 二分脊椎症 先天性四肢欠損症 ダウン症	重度の知的障害 脳性まひ 視覚障害 聴覚障害	中度の知的障害 自閉症		中度の知的障害 軽度の視覚障害 軽度の聴覚障害 ADHD	軽度の知的障害 構音障害 高機能自閉症 学習障害	

図 4-1　早期発見の場と発達の様子（腰川，2011 に加筆）

の経過を見なくてはならない場合もあります。3歳児健診までには，図4-1のように子どもたちの障害が発見され，支援の場につながります。

　乳幼児健診では問題ない場合でも他の子どもたちと比べると言語発達にやや遅れがみられる場合もあります。また，言語発達にはとくに問題がなくても，幼稚園や保育所といった集団の場で活動に参加できない，落ち着かないといった問題がみられることがあります。近年，このような子どもたちは「気になる子ども」といわれ，幼児期には医学的な診断を受けることは少ないのですが，今後の発達の経過を観察してく必要のある子どもたちととらえられています。地域によっては，就学する前にこのような「気になる子ども」を把握するために5歳児健診が行われ，医師の診断を受ける，支援の場につなげることや小学校就学に向けたとりくみが行われています。

(2) 早期支援の場
1) 療育機関によるとりくみ

　障害が発見された子どもは，地域にある療育機関において集団指導や個別指導を受けることになります。支援の場は，表4-1のように，①保健所，保健センター，児童相談所，病院など，②福祉施設の通園施設，入所施設など，③学校教育の機関になります。この他，NPO法人が通園事業を行っている場合もあります。障害が発見された場合，多くの子どもたちは各障害別の通園施設に通うことになります。市町村の規模が大きい場合は，1ヵ所の通園施設では人数を収容しきれないため，また通う時間がかかるため，小規模で指導を行う障害児通園（児童デイサービス）事業が複数個所あり，そちらに通園する場合もあります。市町村の規模が小さい場合では，保健所，保健センター，福祉センターや社会福祉協議会などが障害児通園事業を行う施設か，あるいは小学校のことばの教室に通う場合もあります。このように，地域によって各施設や学校の設置状況，設置数は異なり，通園する形態も異なっています。

　通園事業での指導では，10名前後の集団指導が行われています。そこでは，障害の内容や程度に応じて異なる部分もありますが，運動，認知（遊びを含む），言語，社会性（集団参加），基本的生活習慣（食事・排泄・着脱衣）をとりいれた指導が行われています。月や週のうち何回かは一人ひとりの課題に合わせた

表 4-1　障害のある幼児の発達支援の場

発達支援の機関・施設	職員
〈医療，保健他〉 　病院，リハビリテーションセンター，保健所，児童相談所 　社会福祉協議会，NPO など	専門職
〈施設〉 　保育所（22,838 ヵ所）	保育士
通園施設 　　知的障害児通園施設（257 ヵ所） 　　難聴幼児通園施設（25 ヵ所） 　　肢体不自由児通園施設（98 ヵ所） 　　心身障害児総合通園センター	保育士 児童指導員 専門職
入所施設 　　知的障害児施設（251 ヵ所） 　　自閉症児施設（6 ヵ所） 　　盲児施設（10 ヵ所） 　　ろうあ児施設（14 ヵ所） 　　肢体不自由児施設（63 ヵ所） 　　肢体自由児療護施設（6 ヵ所） 　　重症心身障害児施設（124 ヵ所） 　　情緒障害児短期治療施設（31 ヵ所）	
その他 　　障害児通園（デイサービス）事業 　　重症心身障害児（者）通園事業 　　発達障害者支援センター（81 ヵ所）	保育士 専門職
〈学校〉 　幼稚園（約 13,949 園） 　特別支援学校幼稚部（174 校）	幼稚園教諭 特別支援学校教諭
その他 　　特別支援学校の教育相談室 　　小学校通級指導教室 　　教育センター	特別支援学校教諭 小学校教諭 専門職

＊福祉施設数については，厚労省「福祉施設等調査結果の概況」（2009）より
＊学校数については，幼稚園は文部科学省「学校基本調査速報」（2005）特別支援学校は「特別支援教育資料」（2010）より
＊発達障害者支援センターについては，国立障害者リハビリテーションセンター「発達障害者支援センター一覧」（2011）より

個別指導が行われています。個別指導では，遅れのある領域に関する指導が主になります。表 4-2 は集団指導の一例になりますが，朝のあつまり，設定保育，自由遊び，昼食の指導，帰りのあつまりが行われ，保育士や児童指導員が指導を行います。個別指導は，子どもの発達の状況によって，指導の内容や回数が異なります。運動面の指導では，理学療法士，手指の操作では作業療法士，言語面の指導では言語聴覚士，認知面や遊び全般，知能検査の実施などは臨床心理士や臨床発達心理士といったようにそれぞれの専門家が指導にあたります。

2) 幼稚園，保育所によるとりくみ

保育所における障害のある幼児の保育を公式に認めたのは，1974 年「障害児保育事業実施要項」が厚生省児童家庭局長通知として出されたことによります。当初は，対象となる障害のある幼児も受け入れる保育所も限られていましたが，指定保育所の数も増え，1978 年に厚生省が「保育所における障害児の受け入れについて」を発表し，障害のある幼児の保育所の受け入れが進みました。障害のある幼児の保育所の受け入れ数は年々増え続けています（2008 年度 7,260 ヵ所）。

1977 年には，私立幼稚園でも一定数以上の障害のある幼児を受け入れている場合は補助金が出されるようになり，幼稚園でも受け入れが広がりました。現在では，2009 年に学校教育法が一部改正され，幼稚園においても特別支援教育が始まり，障害のある子どもたちに対して一人ひとりのニーズに合わせた指導を推進していくことになりました。

3) 幼稚園，保育所と療育機関との連携

幼稚園や保育所に在園する障害のある乳幼児が増えてきたことから，多くの幼稚園や保育所では，療育機関と連携をすること，特別支援学校の教師や療育機関の専門家からの助言を受けて保育や教育を行っています。

障害のある乳幼児が療育機関に通園している場合は，保育所，幼稚園と療育機関の担当者が乳幼児に関して情報の交換を行います。療育機関では，発達検査，行動観察等にもとづいた幼児の発達面の詳細な把握を実施しており，この情報を共有するためです。また，幼稚園や保育所では，療育機関における発達にあわせた支援目標や具体的な指導方法にどのように行っているのかを知るこ

表4-2　通園施設の指導の例

時間	指導内容
9：45	バスで園に到着
	朝の支度・自由遊び
10：15	朝のあつまり
10：30	設定保育（別室で個別指導も行う）
11：30	昼食
12：30	自由遊び・設定保育
14：00	バスで帰宅

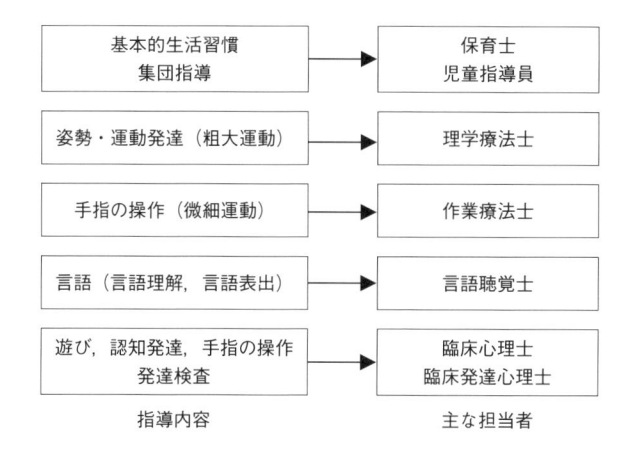

指導内容	主な担当者
基本的生活習慣　集団指導	保育士　児童指導員
姿勢・運動発達（粗大運動）	理学療法士
手指の操作（微細運動）	作業療法士
言語（言語理解，言語表出）	言語聴覚士
遊び，認知発達，手指の操作　発達検査	臨床心理士　臨床発達心理士

図4-2　通園施設の指導内容と主な担当者

とによって，幼稚園や保育所における支援や指導を検討する目的もあります。

　幼稚園や保育所と専門家のもう1つの連携の方法として，園へ専門家が出向く巡回相談があります。巡回相談では，専門家が，幼稚園や保育所における障害のある乳幼児を観察し，保育者に対して，園やまわりの幼児の環境にあわせた保育の方法や指導の方法の助言を行うことができます。また，保育者は，巡回相談から得ることとして，単に障害のある乳幼児の発達の理解や保育，指導方法だけではなく，保護者の気持ちを理解する，保育者間の協力を考える（知名・腰川，2011）というように巡回相談から幅広い助言を受けています。

2. 障害のある乳幼児や気になる子の発達理解と保護者の心理

　障害のある乳幼児や気になる子に対して，何らかの支援を行う際には，その発達を観察し，理解することが基礎となります。また，子どもが乳幼児期であれば保護者への支援がより必要になり，保護者の心理を理解しておく必要があります。ここでは，障害のある，気になる子どもたちの行動の発達，また障害のある乳幼児をもつ保護者の心理についてみていきます。

(1) 障害のある乳幼児や気になる子どもの実態把握の視点

　障害のある乳幼児や気になる子どもの発達をとらえることを実態把握といいます（アセスメントともいう）。具体的に子どもの発達のどのようなことを実態把握していくとよいのでしょうか。また，子どもたちの実態把握から保育や教育での支援を考えるうえで，WHO が提唱している障害のある人をとらえる視点を参考にしてみましょう。

1) 子どもの実態把握の内容

　子どもの発達は，姿勢・運動発達，認知発達，言語発達，社会性・情緒の発達，基本的生活習慣の獲得といった領域があり，これらを中心にとらえていきます。乳幼児期の子どもたちの発達は，日常生活や遊び，製作場面を行動観察することによってとらえることができます。また，より詳細な発達の実態把握を行うためには，発達検査を実施することも有効な方法です。乳幼児期の発達検査の代表的なものは，表 4-3 の乳幼児分析的発達検査法（遠城寺式），乳幼児精神発達診断法（津守式）があります。これらの検査では，子どもの行動観察を行う保護者に聞きとることによって，検査項目の課題ができるかできないかを判断し，それぞれの領域の発達年齢を算出することができます。このことから生活年齢（実年齢）と比較してどの領域に苦手さがあるのか，どの領域は得意であるのかが明確になります。

2) 環境の実態把握

　WHO は，2002 年に「国際生活機能分類」に障害のある人のとらえ方を提

表 4-3 乳幼児分析的発達検査法（遠城寺式）の項目の一部

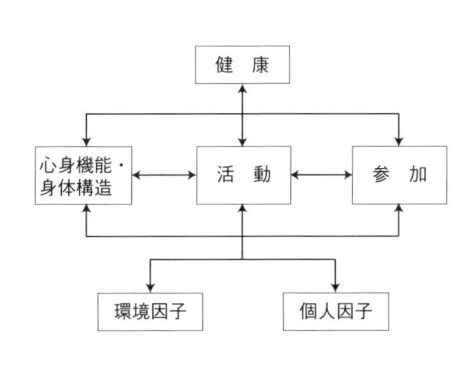

	運動		社会性		言語	
	移動運動	手の運動	基本的習慣	対人関係	発語	言語理解
1歳	2～3歩歩く	コップの中の小粒をとり出そうとする	お菓子のつつみ紙をとって食べる	ほめられると同じ動作をくり返す	2語言える	要求を理解する（おいで，ちょうだい，ねんね）
2歳	ボールを前にける	積み木を横に二つ以上ならべる	排尿を予告する	親から離れて遊ぶ	「わんわんきた」といった2語文を話す	「もうひとつ」「もうすこし」がわかる
3歳	片足で2～3秒立つ	はさみを使って紙を切る	上着を自分で脱ぐ	ままごとで役を演じることができる	同年齢の子どもと会話ができる	赤，青，黄，緑がわかる
4歳	片足で数歩とぶ	紙を直線にそって切る	入浴時，ある程度自分で体を洗う	母親にことわって友達の家に遊びに行く	両親の姓名，住所を言う	用途による物の指示（本，鉛筆，時計，いす，電燈）

心身機能・身体構造
　体の構造の問題や心の問題のこと

活　動
　子どもが課題または行為が行えるかどうか

参　加
　子どもの生活状況への関与の程度

環境因子
　職場，家庭，学校など身近な個人的環境とコミュニティや社会における社会的環境

個人因子
　年齢，人種，性別，教育歴，経験，個性と性格類型など

図 4-3　国際生活機能分類（ICF）の相互作用モデル

唱しました（図4-3）。国際生活機能分類では，障害のある人の「できない部分」に注目するだけではなく，「できるところ」も見る視点を入れていることや，「環境因子」や「個人因子」と障害のある人の活動や参加に相互作用があることを示しています。この「国際生活機能分類」の考え方は，乳幼児期の障害のある子どもたちや「気になる子ども」にもあてはまります。子どもたちは，でき

るところ，できないところがありますが，これは，家庭や幼稚園，保育所の環境，さらに広くとらえればその地域の環境によって大きく影響されることを意味しています。

　家庭や幼稚園，保育所の人的環境では，保護者，教師，保育士，まわりの子どもたちなどが考えられます。物的環境としては，教室の環境整備がなされているか，どのような教材を用いるかなどが考えられます。また，個人因子として子どもたちの性格，意欲，注意力なども活動や参加の状況に影響を及ぼします。

　このことから，障害のある子どもや「気になる子ども」の発達の実態把握だけではなく，まわりの人的環境がどのように子どもたちとかかわっているのか，物的環境はどうであるのか，子ども自身の性格や注意力といった点についても実態把握し，発達を支援するために最適な環境を検討していく必要があります。

（2）保護者の心理

　障害がある，ないにかかわらず，子どもの保育や教育に携わる場合，保護者とのかかわりは欠かせません。なぜならば保育や教育は乳幼児の生活の一部を担っていますが，子どもたちの生活の基盤は家庭にあり，家庭における乳幼児と保護者や家族との関係が，幼稚園や保育所での友だちとの関係や大人との関係の基礎となるためです。今日では，少子化や核家族化，地域機能の低下により，乳幼児をもつ保護者は子育てのしにくさや心配事をもっており（腰川・室田，2011），保護者への支援が欠かせません。

1）障害のある乳幼児の保護者の心理

　障害の診断を受けた子どもをもつ保護者は，子どもが診断を受けたことによって心理面に大きく影響を受けます。図4-4は，ドローターら（Drotar et al., 1975）が出生時に障害の診断を受けた子どもをもつ保護者20名に面接調査を行い，保護者の心理の変化を図にあらわしたものです。まず，診断を受けたことによる強い「ショック」があり，診断を受け入れがたい「否認」する気持ちになります。その後，診断を受け入れながらも将来が不安になり，「悲しみと怒り」といったやりきれない感情をもちます。この時期は，保護者の情緒は不安定であり，人前でも泣いたり，普段はそのようなことはないのにちょっとした

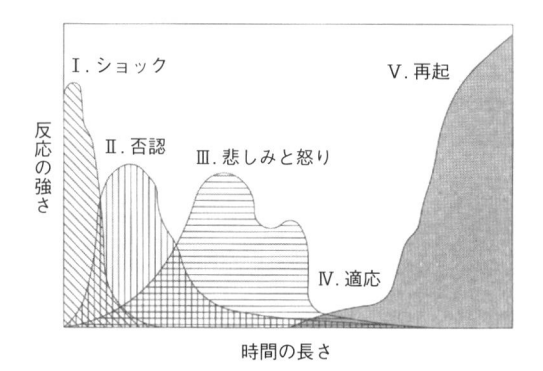

図4-4 障害のある子どもをもつ保護者の心理の変化 （野澤，2007より一部引用）

グラフ内ラベル：Ⅰ.ショック、Ⅱ.否認、Ⅲ.悲しみと怒り、Ⅳ.適応、Ⅴ.再起、縦軸：反応の強さ、横軸：時間の長さ

コラム4・1

幼稚園教育要領や保育所保育指針では

2009年4月，幼稚園教育要領，保育所保育指針が改訂され，障害のある子どもたちへの教育や保育に関する内容も書かれています。以下にその内容のポイントを示します。

1. 障害のある子どもの保育や指導にあたっては，集団の中で生活することを通して発達を促していく配慮をする。

2. 特別支援学校などの助言や援助を活用しながら，家庭との連携，医療や福祉などの関係機関と連携して，指導について個別に計画を作成する。

3. 子どもに障害や発達上の課題がみられる場合には，保護者に対する個別の支援を行うよう努める。

ことで怒りをぶつけたりします。障害のある乳幼児に対して、家庭での育児が十分にできないこともあるので、母親の気持ちを理解して少しでも育児ができるように援助したり、代わりに育児をする人を見つけるといったことが必要になります。

時間の経過とともに毎日の育児に向かえるようになるのが「適応」の時期です。このころになると、保護者の情緒も落ち着いてきており、感情が大きく変化することは少なくなってきます。育児をしていくうちに少しずつ子どもの障害と向きあう気持ちが芽生え、「再起」の時期には、地域の療育機関に相談に行く、家庭で子どもと積極的にかかわるようになります。また、障害のある子どもを地域にある公園で健常の子どもたちと一緒に遊ばせることや周りの人に子どもの障害について話すことができるようになっていきます。

「再起」の時期を過ごして、乳幼児の障害受容ができていると考えられる保護者もその時々によって感情のゆれがあります。それは、自分の子どもの発達特性が、これまでの養育経験からは判断できない行動があったり、子どもの意図することが理解できない場合に起こります。また、子どもが幼稚園や保育所で集団の中についていけなかったり、運動会などの行事の時にほかの子どもたちと比べてできないことが多いことがわかったりして、学校の選択をどうするかと考える時期も同様に感情がゆれます。このように、障害の診断後だけではなく、幼稚園や保育所に在園している期間においても、障害のある乳幼児の保護者を支えていく必要があります。

2) 保護者の心理を支える要因

佐鹿（2007）は、障害のある子どもをもつ43名の保護者から保護者の心理を支える内容を聞きとりました。その結果、障害を診断された保護者の心理を支える要因の1つは、診断を受けた後に障害についての説明を受けることと障害の理解をすることでした。このような説明を受けて障害の理解をすることによって、さらに障害に関する学習をはじめ、育児の方向性を見出し、子どものもてる力の発揮ができる場を探し、ライフサイクルの先を見越した準備をすることなどにつながります。また、2つめの要因は、保護者がまわりの人々から受ける援助でした。まわりの人々とは、身近な人々、地域の支え、専門家にな

図4-5　障害のある子どもの保護者の支援（佐鹿，2007より改変）

ります。身近な人々の援助は，配偶者（夫または妻），祖父母，親戚など家族が中心になり，地域の援助は，近隣の人，保護者の友人，障害のある子どもをもつ他の保護者などであり，専門家の援助は幼稚園，保育所の先生，医師，療育機関の先生などになります（図4-5）。このように保護者が他者から受ける援助をソーシャルサポートといい，ソーシャルサポートから受ける援助が支えとなって親の生きる力と生活の充実や育児と子どもの発達支援へ向かう力の源になります。

3. 幼稚園，保育所でのとりくみの工夫

　幼稚園，保育所におけるとりくみでは，それぞれの障害によって異なる部分もありますが，障害のある乳幼児に共通した内容もあります。そのようなとりくみは，「気になる子ども」である幼児にも有効な方法です。ここでは，障害のある乳幼児に共通したとりくみのあり方をみていきましょう。

（1）一緒の保育，教育の中での配慮

　一緒の保育，教育の中の配慮として，次のような内容が考えられます。まずは，①障害のある乳幼児もしくは気になる子どもへの配慮，②クラスの子どもたちへの配慮があります。

1) 障害のある乳幼児もしくは気になる子どもへの配慮, 支援

　障害のある乳幼児に対して，集団の活動での行動観察もしくは発達検査を利用して，発達の領域に分けて実態把握を行います。実態把握からどの領域が得意であり，どの領域が不得意であるかの把握をします。不得意な部分は，集団での活動で不得意になるのか，個別の活動で不得意さがあるのかを明らかにします。また，どのレベルまで援助を行ったらできるのか，集団の活動でも個別の声掛けが必要であるのか，一緒に行動しないとできないのかなども確認しておきましょう。不得意な部分には，本人が得意な方法をとりいれた配慮や支援を行っていきます。言葉の理解が苦手ではあるが，見ることよって理解ができる幼児には，視覚的手がかりを利用します。たとえば，説明を聞いただけでは製作の仕方がわからない幼児には，手順を示した絵や製作の過程がわかる見本を利用します。見てまねすることが苦手ではあるが，言葉の理解があり，話し言葉が得意な幼児には，言語的手がかりを利用します。たとえば，ひらがな「は」の模写や視写をする時にも「縦棒書いて，横棒ひいて，縦棒書いてくるっとまわるよ」のように手の動作に合わせて言語の手がかりもつけてあげるとひらがなの形がとらえやすくなります。

　園内の環境整備として，持ち物や道具の場所を決めてわかるように示してあげることがあります。持ち物や道具の場所がわかることによって，物を準備したり片づけることにつながります。また，物がたくさんあることで注意が散漫になってしまう子どもにとっては，片づいている部屋や教室は落ち着くことができ，注意を向けやすくなります。

　1日の活動の見通しがあることも重要な環境整備です。見通しによって，子どもたちは1日の流れを理解し，安心して過ごすことができます。1日の流れが理解できると，いつもと違う活動があった時の変更への対応ができることにつながります。1つの活動についても同様です。この活動はどういう手順で行うのか，どこまでいったらおしまいになるのかがわかると活動にとりくめるようになります。活動を伝える方法も子どもによって異なります。言葉，絵や写真，文字など子どもの特性に合わせて伝えていくことが必要になります。

2）クラスのまわりの子どもたちへの配慮

　クラスのまわりの子どもたちは，先生がどのように障害のある子どもに接しているかをよく観察しています。子どもたちは先生の姿を見ながら，この友だちにはちょっと手を貸してあげる必要があるのだということを理解し，援助をすることができるようになっていきます。しかし，援助の加減がわからないため，障害のある子どもたちに援助しすぎてしまう，逆に援助が少なすぎて障害のある子どもがわからないといったことが起きてきます。その際には，「ここまで手をかしてあげて，あとはできるかどうかみていてね」のように具体的にどこまで手を貸してあげるかを教えてあげましょう。

（2）保護者への支援の工夫

　保育者にとって，保護者からの情報は障害のある乳幼児や気になる子どもを理解するために重要です。保護者が子どもの障害についてどのように考えているのか，家での様子，兄弟姉妹との関係，療育機関での様子，幼稚園，保育所で何を期待しているかについて聞きとる必要があります。気になる子どもの保護者の場合は，家庭での子どもの様子を詳しく聞きとりましょう。幼稚園，保育所の様子と家庭の様子が異なることもありますし，共通して困っていることもあります。様子が違うところは，どうして違っているのか，何によって異なる行動があらわれているのかを説明し，理解を求める必要があります。また，園も家庭も共通して困っていることは，一緒に解決方法を考えていく必要があります。

　そして，何よりも重要なのは，普段からの保護者とのちょっとした会話や連絡帳のやりとりです。挨拶を含めて，体調はどうなのか，家庭でどのようなことをして過ごしているのかを聞いたり，園での様子はどうだったかを短い時間でもよいので伝えていくことを心掛けるとよいでしょう。このような普段からの保護者とのかかわりややりとりが，信頼関係を築いていくことになります。この信頼関係は，障害のある乳幼児や気になる子どもについて，保護者とじっくり話し合う，支援方法を考える時に活かされます。障害のある乳幼児や気になる子どもの保護者が自信をもって，楽しく子育てができる支えとなる保育者，教師になるつもりで，保護者とのコミュニケーションを日頃から心がけていきましょう。

■発展学習■

1. 復習してみよう

(1) 障害の早期発見の場はどのようなものがあるか，整理してみましょう。

(2) 子どもの実態把握を行う領域は何であり，具体的にはどのように実態把握を行ったらよいでしょうか。また，環境に関して何を実態把握する必要があるか整理してみましょう。

(3) 障害のある乳幼児をもつ保護者の心理の変化はどのような過程を経ているのか，整理してみましょう。

2. 考えてみよう

(1) 療育機関と幼稚園，保育所が連携するにあたって，どのような情報を共有したらよいか考えてみましょう。

(2) 知的障害のある子ども，肢体不自由の子ども，聴覚障害の子ども，視覚障害のある子ども，落ち着きのない子ども，友だちとけんかをしてしまう子ども，言葉の遅れている子どもなど，それぞれの子どもたちの特徴に分けて，幼稚園，保育所ではどのような環境整備や配慮を行うのか考えてみましょう。

(3) 保護者の心理の変化を考えながら，保育者は保護者にどのような支援を行うことが必要か考えてみましょう。

3. 調べてみよう

(1) あなたの住んでいる地域にどのような療育機関（通園施設や発達センター，小学校のことばの教室，特別支援学校など）があるか調べてみましょう。

(2) 障害のある乳幼児や気になる子の幼稚園，保育所における支援の事例について調べてみましょう。

(3) 障害のある乳幼児をもつ保護者が就学を考える際に必要な情報には，どのようなものがあるか調べてみましょう。

引用文献

知名勝枝・腰川一惠（2011）.保育所・幼稚園の巡回相談に関する研究―保育所・幼稚園の比較及び保育者の職種・役職や経験年数の観点からの分析―　聖徳大学児童学研究所紀要, **19**, 17-23.

Drotar, D., Baskiewicz, A., Irvin, N., Kennell, J. H., & Klaus, M. H. (1975). The adaptation of parents to the birth of an infant with a congenital malformation: A hypothetical model. *Pediatrics*, **56**, 710-717.

腰川一惠（2011）.障害のある幼児への保育の実際　聖徳大学特別支援教育研究室（編）一人ひとりのニーズに応える保育と教育　聖徳大学出版会　pp.174-184.

腰川一惠・室田洋子（2011）.都市に在住する母親の育児の心配事に関する研究　聖徳大学研究紀要, **21**, 55-61.

野澤純子（2007）.知的障害児の保育　佐藤泰正・埆和明（編）　障害児保育改訂版　学芸図書　pp.113-133.

佐鹿孝子（2007）.親が障害のあるわが子を受容していく過程での支援（第4報）：ライフサイクルを通した支援の指針　小児保健研究, **66**, 779-788.

参考文献

七木田敦（編）（2011）.実践事例に基づく障害児保育―ちょっと気になる子へのかかわり―　保育出版社

佐藤泰正・埆和明（編）（2007）.障害児保育改訂版　学芸図書

岸井勇雄・無藤隆・柴崎正行（監修）（2006）.保育・教育ネオシリーズ10 障害児保育　同文書院

伊藤健次（編）（2007）.新・障害のある子どもの保育　みらい

大場幸夫・柴崎正行（編）（2003）.新・保育講座15 障害児保育　ミネルヴァ書房

渡部信一・本郷一夫・無藤隆（編著）（2009）.障害児保育―保育の内容・方法を知る―　北大路書房

第5章

学　習

1. 条件づけのしくみ

　経験によって新しい反応や行動，あるいは知識を身につけることを心理学では「学習」といいます。たとえば，子どもが文字の読み書きや九九の計算ができるようになることも，イヌが「お手」をできるようになることも学習です。ただし，成熟による変化や疲労，薬物による一時的な状態は含まれません。

　こうした学習を支える要因の1つが環境です。学習には，環境内の「刺激」が新しい「反応」を誘発したり，強めたりすることによって成立する場合があります。その過程は「条件づけ」とよばれ，次の2つのタイプがあります。

(1) 古典的条件づけ

　たいていの人は，梅干しを見るだけで唾液が出てきたり，また，「地獄に落ちる」と言われると怖くなったりします。こうした生理反応や情動反応は，古典的条件づけによって身についたものです。そのしくみは，ロシアの生理学者パブロフ（Павлов, 1927 川村訳, 1975）によって発見されました。イヌの「条件反射（反応）」とよばれる実験が有名です（図5-1）。

　ふつうイヌはえさを口にすると唾液を分泌しますが，この反応を「何の条件もなく自然にあらわれる」という意味で無条件反応，また，この反応を誘発する刺激を無条件刺激といいます（図5-1 ①）。一方，メトロノームの音（以下，音）は，イヌにとって耳をそばだてるといった定位反応を誘発はしますが，唾液分泌とは関係のない中性刺激です。ところが，音を聞かせた直後にえさを口の中に入れること（対提示）をくり返すと（図5-1 ②），やがてイヌは音を聞くだけで唾液を分泌するようになります（図5-1 ③）。この新しい反応を「一定の

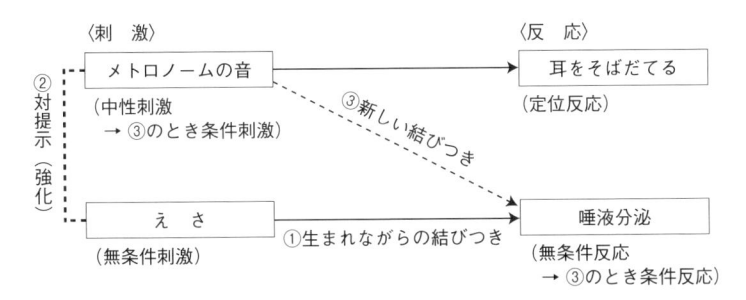

```
〈刺　激〉                              〈反　応〉
  メトロノームの音  ────────→  耳をそばだてる
②  (中性刺激                            (定位反応)
対   → ③のとき条件刺激)   ③新しい結びつき
提                          ╲
示                           ╲
(                            ╲
強                            ╲
化                             ↘
)   え　さ      ①生まれながらの結びつき   唾液分泌
    (無条件刺激)                        (無条件反応
                                        → ③のとき条件反応)
```

図 5-1　古典的条件づけの図式

(注)「梅干しを見ると唾液が出てくる」場合，無条件刺激が「梅干しの味（味覚）」，無条件反応が「唾液分泌」，条件刺激が「梅干しの見た目（視覚）」。

コラム5・1

「恐怖」の条件づけ

　ワトソンら（Watson & Rayner, 1920）は，古典的条件づけを使って，白ネズミに対する恐怖反応を，赤ちゃん（名はアルバート）に人為的に形成する実験を行いました（現在は倫理的に絶対に許されません）。

　まず，アルバートがちょうど9ヵ月齢ごろ，ハンマーで鉄の棒を強く叩く音に対しておののき，泣くといった恐怖反応を示すこと，一方，白ネズミ，ウサギ，イヌ，サル，お面，綿，火をつけた新聞紙にはそうした反応がないことを確認しました。アルバートが11ヵ月齢になってすぐ実験が開始されました。白ネズミを提示し，アルバートが触ろうとした時に鉄の棒を叩くことを2回続けて行い，1週間後，この手続きを5回くり返しました。すると，アルバートは白ネズミだけで恐怖反応を示すようになりました。それから5日後でも，アルバートは白ネズミに恐怖反応を示しましたが，ウサギや毛皮のコートにも同様の反応を示し，また，ウサギほどではありませんがイヌにも恐怖反応を示しました。さらに，ワトソンの髪の毛とサンタクロースのお面を嫌がる反応を示しました。

　以上の過程は，図 5-1のえさを鉄の棒を叩く音，唾液分泌を恐怖反応，メトロノームの音を白ネズミに変えたものです。また，ウサギなど条件刺激と類似した刺激に対しても条件反応が広がることを「般化」といいます。

条件のもとであらわれる」という意味で条件反応，また，この反応を誘発する刺激を条件刺激といいます。

このように，古典的条件づけでは，条件刺激と無条件刺激の対提示によって新しい反応（条件反応）が身につきます。この操作を強化といいます。また，学習される生理反応や情動反応（コラム5・1）は，刺激によって強制的に引き出される反応なので，レスポンデント（応答的：respondent）反応とよばれます。そのため，古典的条件づけをレスポンデント条件づけともいいます。

（2）オペラント条件づけ

「2×3」に「6」と即答できるのも学習の結果ですが，この「6」という反応は，唾液分泌とは異なり，自らが引き起こす反応です。これをオペラント（自発的：operant）反応，また，その形成過程をオペラント条件づけといいます。スキナー（Skinner, 1938）によって体系的に研究されました。

たとえば，彼が考案した「スキナー箱」（図5-2）とよばれる実験装置（レバーを押すなどの反応を検知すると自動的にエサが出てくるような仕掛けがある）にネズミを入れると，最初，箱の中をあちこち動き回ります。ところが，偶然レバーを押してエサを得るという経験をくり返すと，レバーを頻繁に押すようになります。このように，レバー押しというオペラント反応の後に，エサというネズミにとっての報酬が続く（随伴する）ことによって反応頻度が増加することを強化といい，報酬のことを強化子といいます。また，光や音が提示される時だけ，エサが出るようにすると，ネズミはその時だけレバーを押すようになります。光や音がオペラント反応を起こすきっかけ（弁別刺激）となります（図5-3）。

オペラント反応は，報酬を得るための手段（道具）でもあるので，オペラント条件づけを道具的条件づけともいいます。また，電気ショックなど嫌悪刺激も（負の）強化子になり，それらの付与や除去で反応頻度をコントロールできます（表5-1）。ただし，正の罰については，①その効果は一時的で，止めると反応がもとの水準にすぐに回復する，②効果をあげるには，最初から最大の強度でかつ反応に対して即座に与える，③副産物として，罰を与える人を嫌いになる，罰からの逃げ方を学習する，などが指摘されています（鎌原，1996）。

1. 条件づけのしくみ　73

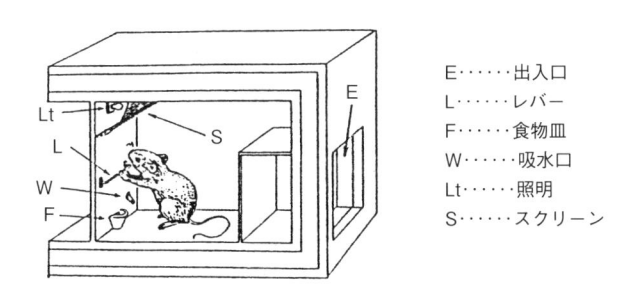

```
        E ······ 出入口
        L ······ レバー
        F ······ 食物皿
        W ······ 吸水口
        Lt ······ 照明
        S ······ スクリーン
```

図 5-2　スキナー箱（今村，1981）

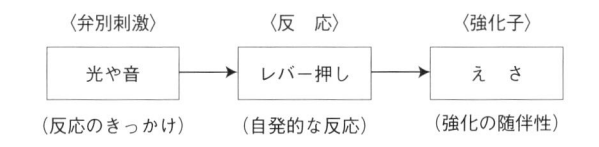

```
〈弁別刺激〉       〈反　応〉        〈強化子〉
 光や音    →    レバー押し   →    え さ
(反応のきっかけ)  (自発的な反応)   (強化の随伴性)
```

図 5-3　道具的条件づけの図式

(注) 九九の場合は，たとえば，「2×3」という弁別刺激に対して，「6」と反応すると，先生からほめられるなどの強化子が随伴することによって，「2×3＝6」が定着する。一方，「4」と反応して，先生からほめてもらえないと，「2×3＝4」は消失する。

表 5-1　強化と罰の分類

	報酬（正の強化子）	嫌悪刺激（負の強化子）
与える	正の強化（反応頻度の増加） 例）ほめられる	正の罰（反応頻度の減少） 例）叱られる
除去	負の罰（反応頻度の減少） 例）お小遣いを減らされる	負の強化（反応頻度の増加） 例）小言が減る

(注) 報酬を「正の強化子」，嫌悪刺激を「負の強化子」，オペラント反応の頻度を増加させる効果を「強化」，減少させる効果を「罰」という。反応頻度を増加させるために正の強化子を与えることを「正の強化」，負の強化子を除去することを「負の強化」という。また，反応頻度を減少させるために，負の強化子を与えることを「正の罰」，正の強化子を除去することを「負の罰」という。

2. 記憶の働き

　学習は環境だけでなく，学習者内部の働きによっても支えられています。その1つが記憶です。記憶とは，過去の経験を保持し，後にそれを取り出して再現する機能のことです。また，そのしくみは，コンピュータの「入力→情報処理→出力」に見立てること（情報処理モデル）によって特徴づけられます。

(1) 記憶の基本的な特徴

　記憶の過程には3つの段階があります。第1は「覚えること」で，記銘といいます。外界の刺激の物理的な情報を人間内部の記憶に取り込める形（表象）に変換することなので符号化ともいいます。第2は「覚えておくこと」で，保持といいます。情報を人間内部に貯えることなので貯蔵ともいいます。第3は「思い出すこと」で，想起といいます。貯蔵された情報から特定の情報を探し出すことなので，検索ともいいます。

　このうち，記憶の検査は想起によって行われますが，再生と再認の2つの方法があります。再生は記憶した情報を何らかの形で再現することです。たとえば，「今の総理大臣は誰ですか？」に答えるような場合です。再認はある情報が記憶した情報と同じかどうかを判断することです。たとえば，「日本で最初の総理大臣は伊藤博文です」に○×で答えるような場合です。

　記銘したのに想起ができなくなることを忘却といいます。この現象を初めて心理学的に研究したのが，エビングハウス（Ebbinghaus, 1885 宇津木訳, 1978）です。彼は，経験の影響を統制するために，pak, ber, mif などの子音・母音・子音からなる意味のない音節（無意味綴り）をランダムに組み合わせた音節系列を複数作り，記憶材料にしました。自らが実験の対象者となって，材料を完全に覚えるまでの所要時間（A）と，それからしばらくして，もう一度完全に覚えるまでの所要時間（B）を測定しました。間隔を19分後～31日後と変えて，BがAに比べて短縮された割合（節約率：$(A - B) / A \times 100$）を求めました（図5-4）。この割合は1回目に覚えたことがどれだけ保持されているかをあらわしているので保持率，また，残りは忘却が生じた割合なので忘却率といいます。たとえば，19分後の節約率あるいは保持率は58.2%，忘却率は100%

− 58.2% = 41.8%となります。このため，図5-4は忘却曲線とよばれます。このグラフが示すように，忘却は記銘後1日くらいまでは急激に進行し，それ以降は緩やかに進行していくことが明らかになりました。

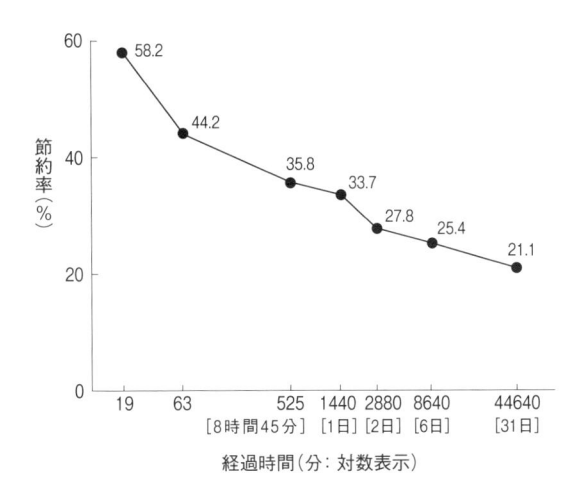

図 5-4　忘却曲線（Ebbinghaus, 1885 宇津木訳, 1978 をもとに作成）
（注）経過時間（分）は，間隔が著しく異なるので，対数値（常用対数）に変換して表示。

（2）記憶の情報処理モデル

　記憶は，保持時間の長さから短期記憶と長期記憶に区別され，それぞれの貯蔵場所を要素とする情報処理モデルが想定されています（図5-5）。

　環境からの情報は，感覚登録器を経て短期貯蔵庫（短期記憶）にとりこまれます。短期記憶の保持時間は約15～30秒程度です。また，その容量は，ミラー（Miller, 1956）によって7±2チャンク（chunk）と推定されました。チャンクとは，情報の要素をいくつかまとめて心理的に処理できる単位のことです。たとえば，「110」を単なる3つの数字の並びとみる人にとっては，チャンク数は3になりますが，警察の電話番号を知っている人にとってはチャンク数は1になります。ちなみに，幼児ではだいたい年齢－1チャンクといわれています。

　このように保持時間にも容量にも限界がある短期記憶内に情報をとどめておくには，情報を復唱する必要があります。この作業をリハーサルといいます。リハーサルによって情報は長期貯蔵庫（長期記憶）へと転送されますが，何らかの意味的な処理を加えることによって促進されます。これを精緻化リハーサルといいます（表5-2）。また，短期記憶は，計算や読解などの際，必要な情報を長期記憶からよび出し，処理する場所としても機能します。この意味で，作業記憶（ワーキングメモリー）ともよばれます。

　長期記憶に転送された情報は永続的に保持され，知識を形成します。その内容から，宣言的記憶（言葉で表現できる事実の記憶）と手続き的記憶（必ずしも言葉で表現できない手続きの記憶。ピアノの弾き方など）に分類されます。さらに宣言的記憶は，エピソード記憶（個人的な経験に関する情報の記憶）と意味記憶（一般的な知識の記憶）に分類されます。

　以上の短期記憶と長期記憶からなるモデルを支持する証拠に系列位置効果があります（図5-6）。単語のリストを記銘すると，順番が最初の方と最後の方で再生率が高くなる現象のことです。最初の方が高くなる初頭効果は，リハーサルによって長期記憶に転送されやすいため，また，最後の方が高くなる新近性効果はまだ短期記憶内に情報が残っているためといえます。

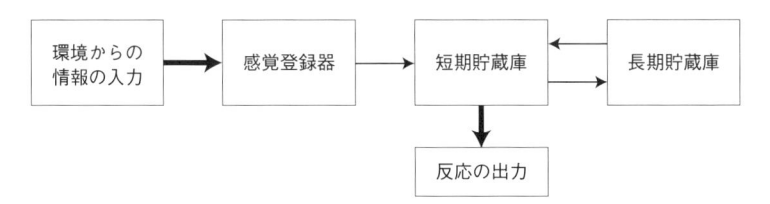

図 5-5　記憶の情報処理モデル（Atkinson & Shiffrin, 1971 をもとに作成）

表 5-2　精緻化リハーサルの例

有意味化：数字の羅列など，無意味なものに意味を当てはめる。語呂合わせ。 　例）「$\sqrt{5}=2.2360679$」→「ふじさんろくオウムなく」 　　　「kennel」（犬小屋）→「けんねる（犬寝る）」
チャンキング：知っていることを利用して情報をいくつかのかたまりにする。 　例）「119110117」→「119　110　117」 　　　「バナナ，ダイコン，リンゴ，ニンジン」 　　　→「バナナ，リンゴ」（果実），「ダイコン，ニンジン」（野菜）
イメージ化，物語化：関係のない項目を，視覚的なイメージや物語を作って結びつける 　例）「犬，自転車」→「犬が自転車に乗っている」（イメージ） 　　　「サル，パソコン，灰皿…」 　　　→「サルの置物の前には，パソコンと灰皿が置いてあり…」（物語）

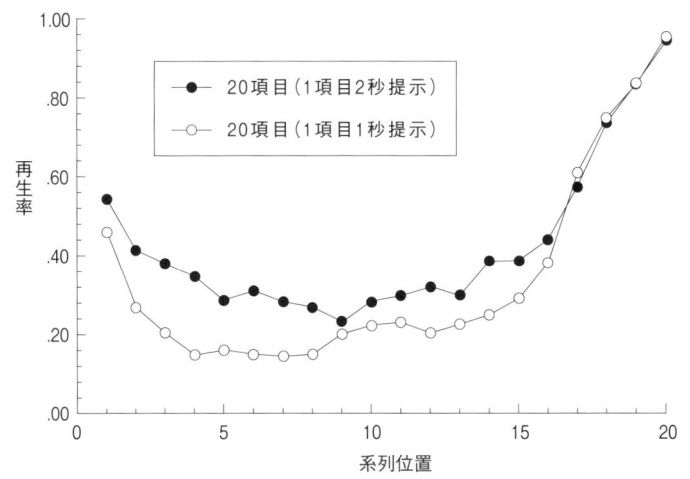

図 5-6　系列位置効果（Murdock, 1962）

（注）1 項目の提示時間を 1 秒から 2 秒にすると，短期記憶の部分（終わりの 5 項目）の再生率（新近性効果）に差はないが，それ以外の長期記憶の部分は，リハーサルが行われやすくなるので，再生率が上昇する。

3. 見ることによる学習

　学習は，自分自身だけでなく，他者によっても支えられています。日本語の「学ぶ」は「まねぶ」とも読み，「まねをする」という意味がありますが，この言葉が象徴するように，他者を「見ること」によって新しい行動パターンを身につけることは日常的に行われています。子どもが身近な大人を見て社会のルールを身につけることから，伝統芸能の世界で弟子が師匠の芸を盗み見ながらマスターするといったことまで，その例は枚挙にいとまがありません。

(1)観察学習(モデリング)の過程

　自分の直接的な訓練や経験を通してだけでなく，他者（モデル）を観察するだけである特定の行動や態度を習得したり，変容させたりすることを，バンデューラ (Bandura, 1977　原野監訳, 1979) は，観察学習あるいはモデリング (modeling) とよび，精力的に研究しました。

　彼は，観察学習を4つの下位過程に分けました（図5-7）。第1は注意過程で，モデルの行動の重要な特徴に注目し，知覚します。第2は保持過程で，知覚された情報を言語やイメージによる象徴的表象として記憶します。第3は運動再生過程で，行動の仕方を認知的に整理し，行動の試行による情報フィードバックを得ながら，徐々に行動を洗練していきます。第4は動機づけ過程で，習得した行動の遂行結果に対する評価（強化）によって，行動の喚起と維持が決定されます。

　このように観察学習は，モデルの行動の単純なモノマネ，あるいは，機械的再生ということだけでなく，モデルを観察して得た情報から「新しい行動をどのように遂行すればよいか」の知識・概念を形成し，それらから適切な遂行を誘導していく能動的な活動を含むものです。

(2)攻撃行動の観察学習(モデリング)

　バンデューラは幼児を対象に攻撃行動の観察学習について興味深い実験を2つ行っています。

　最初の実験 (Bandura et al., 1963) では，2歳11ヵ月〜5歳9ヵ月の幼児

3. 見ることによる学習　79

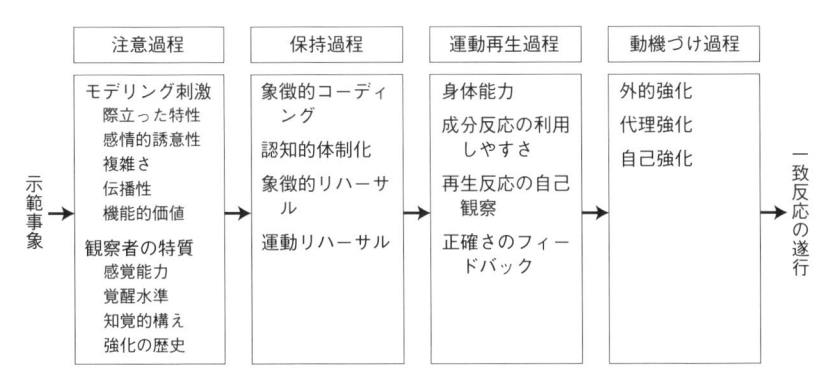

注意過程	保持過程	運動再生過程	動機づけ過程
モデリング刺激 　際立った特性 　感情的誘意性 　複雑さ 　伝播性 　機能的価値 観察者の特質 　感覚能力 　覚醒水準 　知覚的構え 　強化の歴史	象徴的コーディング 認知的体制化 象徴的リハーサル 運動リハーサル	身体能力 成分反応の利用しやすさ 再生反応の自己観察 正確さのフィードバック	外的強化 代理強化 自己強化

示範事象 → → → → 一致反応の遂行

図 5-7　観察学習の下位過程（Bandura, 1977　原野監訳, 1979）

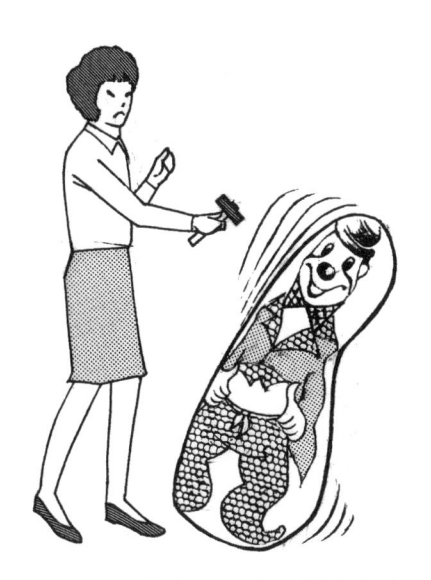

図 5-8　幼児が観察したモデルの攻撃行動の例
（Bandura et al., 1963 の写真より模写）

48名を対象に，成人のモデルが攻撃行動をしているのを生で観察する「現実モデル条件」，それを記録した映画を視聴する「映像モデル条件」，黒猫のコスチュームを着た登場人物が同様の攻撃行動をしている漫画映画を視聴する「漫画モデル条件」，攻撃行動を観察しない条件（統制群），の4つの条件が比較されました。モデルの攻撃行動は，ピエロの絵が描かれた「ボボ」（Bobo）という名のビニール製の空気人形（図5-8）に対して，馬乗りになってパンチする，木づちで頭を叩く，空中にほうり投げる，蹴る，などでした。モデルを観察後，幼児たちはボボ人形やいろいろなおもちゃのある遊戯室に行き，自由に遊びました。その時の幼児たちの行動を観察した結果，現実モデル条件，映像モデル条件，漫画モデル条件のいずれにおいても，モデルと同じようなボボ人形に対する攻撃行動が，統制群よりも多くみられました。しかし，3つの条件の間には統計的に有意な差はありませんでした（図5-9）。このことから，攻撃行動は，モデルの提示様式にかかわらず習得されることがわかりました。

次の実験（Bandura, 1965）では，3歳6ヵ月〜5歳11ヵ月の幼児66名を対象に，成人のモデルがボボ人形に対して先の実験と同様の攻撃行動をする映画の場面を視聴した後，引き続き，モデルが報酬を受ける場面（別の成人から賞賛され，お菓子をもらうなど）を視聴する「報酬モデル条件」，モデルが罰を受ける場面（別の成人に叱られ，腕力で懲らしめられるなど）を視聴する「罰モデル条件」，後続場面がない「結果なし条件」，の3つの条件が比較されました。視聴後に，幼児たちはボボ人形やいろいろなおもちゃのある遊戯室に行き，自由に遊びました。その時の行動を観察した結果（図5-10の「誘因なし」），罰モデル条件では，モデルと一致する攻撃行動が，報酬モデル条件と結果なし条件よりも少ないものでした。モデルが罰を受けるのを観察することによって，観察者の行動が抑制されたといえます。この効果を代理強化といいます。

その後，幼児たちに「ロッキー（モデルの名）は何をしたか見せてくれない？」と言って，一致反応がでたらすぐに報酬（ジュースとシール）を与えました。その結果（図5-10の「誘因あり」），3つの条件ともに同じ程度で，モデルと一致する攻撃行動が示されました。このことから，モデルの行動の結果に随伴される強化がどうであれ，モデルの行動自体は観察者に習得されてしまうことがわかりました。

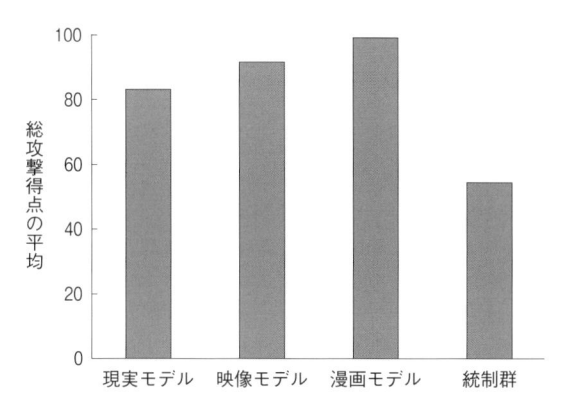

図 5-9 攻撃モデルの観察の効果 (Bandura et al., 1963)

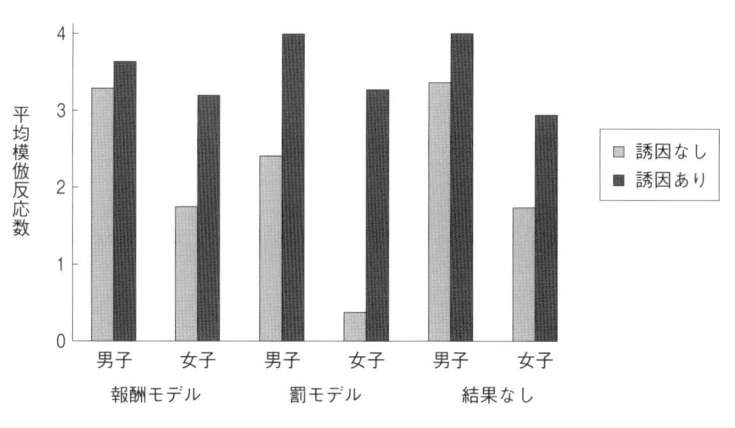

図 5-10 代理強化の有効性 (Bandura, 1965)

■発展学習■

1. 復習しよう

(1) 古典的条件づけとオペラント条件づけの違いを，具体例をあげて述べなさい。

(2) 記銘，保持，想起，再認，再生について説明しなさい。

(3) 代理強化とは何かを説明しなさい。

2. 考えてみよう

(1) 授業中の私語など,「望ましくない行動」を抑える場合,何らかの罰を与えることは有効でしょうか。また,罰を与える以外に「望ましくない行動」を抑える方法はあるでしょうか。

(2)「3日前の夕食のメニュー」は忘れているのに,それよりもはるか昔の「小学校1年生の時の担任の先生の名前」を覚えてたりします。なぜ,こうしたことが起きるのでしょうか。

(3) 見せしめに,悪いことをした子どもをみんなの前で叱ることは,どんな効果と弊害があるでしょうか。

3. 調べてみよう

(1) オペラント条件づけは，いろいろな場面に応用されています。どんな応用があるか調べてましょう。

(2) WISC-ⅢやK-ABCといった知能検査には，読み上げた数字を，そのままの順で言ったり（復唱），逆の順で言ったり（逆唱）する数唱課題があります。この課題のねらいは何か調べてみましょう。

(3) 学習における他者の役割は，モデル（お手本）だけではありません。その他どのような役割があるか調べてみましょう。

引用文献

Atkinson, R. C., & Shiffrin, R. M.（1971）. The control of short-term memory. *Scientific American*, **225**, 82-90.

Ebbinghaus, H.（1913/1964）. *Memory: A contribution to experimental psychology.*（H. A. Ruger, & C. E. Bussenius, Trans.）New York: Dover.（Original work published 1885）（宇津木保（訳）（1978）. 記憶について：実験心理学への貢献　誠信書房）

Bandura, A.（1965）. Influence of models' reinforcement contingencies on the acquisition of imitative responses. *Journal of Personality and Social Psychology*, **1**, 589-595.

Bandura, A.（1977）. *Social learning theory.* Englewood Cliffs, NJ: Prentice-Hall.（原野広太郎（監訳）（1979）. 社会的学習理論―人間理解と教育の基礎―　金子書房）

Bandura, A., Ross, D., & Ross, S. A.（1963）. Imitation of film-mediated aggressive models. *Journal of Abnormal and Social Psychology*, **66**, 3-11.

今村義正（1987）. 心理学　八千代出版

鎌原雅彦（1996）. 学習の基礎としての条件づけ　大村彰道（編）　教育心理学Ⅰ―発達と学習指導の心理学―　東京大学出版会　pp.131-148.

Miller, G. A.（1956）. The magical number seven plus or minus two: Some limits on our capacity for processing information. *Psychological Review*, **63**, 81-97.

Murdock, B. B.（1962）. The serial position effect of free recall. *Journal of Experimental Psychology*, **64**, 482-488.

Павлов И. П.（1927）. Лекции о работе больших полушарий головного мозга.（川村浩（訳）（1975）. 大脳半球の働きについて―条件反射学―　岩波書店）

Skinner, B. F.（1938）. *The behavior of organisms: An experimental analysis*. New York: Appleton-Century.

Watson, J. B., & Rayner, R.（1920）. Conditioned emotional reactions. *Journal of Experimental Psychology*, **3**, 1-14.

参考文献

福沢周亮（編）（1982）. 現代教育心理学　教育出版
鹿取廣人・梅本敏夫（編）（2004）. 心理学　第2版　東京大学出版会
大村彰道（編）（1996）. 教育心理学Ⅰ―発達と学習指導の心理学―　東京大学出版会

第6章

やる気（学習意欲）

　「好きこそものの上手なれ」というように，学習者が興味をもち，知りたい，学びたいという気持ちで学習にとりくめば，良い成果が得られるはずです。しかし現実には誰もが意欲的に学習にとりくむわけではありません。ここでは，教育を行ううえで重要な，学習への動機づけを考えてみます。

1. 内発的動機づけと外発的動機づけ

　子どもの遊びのように，楽しいからやるという，行動そのものが目的である場合は内発的動機づけによる行動，報酬を得たいとか認められたいというように，行動が手段となっている場合は外発的動機づけによる行動と考えます。

（1）外発的動機づけ

　空腹は食行動を引き起こす原動力（動因）で，食物は空腹を満たす（欲求を低減する）力をもち（誘因），食べ物を得ようとして行動が起こされます。この動機づけ理論によれば，学習意欲は，賞罰や競争のような外的条件によって引き起こされます。実際には，「お母さんに叱られるから勉強する」子どもも多いと思われ，しつけや教育にあたって，外発的動機づけによる指導やかかわりが多く行われています。

1）賞の効果

　金銭やおもちゃ，ほめ言葉のような報酬は，それを得るのに役立った行動を強化します。しかし，デシ（Deci, 1971）が明らかにしたように，内発的に動機づけられた行動に金銭や品物等の報酬を与えると，内発的動機づけが低減する

コラム6・1

ごほうびは逆効果？
―アンダーマイニング（undermining）効果―

　レッパーら（Lepper et al., 1973）は，保育所の子どもたちの描画行動に外的報酬を与えることによって，内発的動機づけが低減すること（アンダーマイニング効果）を，実験的に明らかにしました。

　レッパーらは，まず3〜6歳の保育所の子どもたち55人の自由時間中の描画行動を観察し，次に，絵を描いたらごほうびをあげるという報酬予期群，描き終わった後で予期しなかった報酬をもらう予期しない報酬群，報酬はなくいつもどおりに絵を描く統制群（報酬なし）の3群を設け，実験を行いました。実験1〜2週後の観察では，実験前は差がなかった描画時間の割合が，報酬予期群では明らかに低下し，絵の質も落ちましたが，ほかの2群では変わりありませんでした。

表6-1　自由遊びで絵を描いた時間の平均（%）（Lepper et al., 1973）

群	N	自由遊び時間（1時間）中の絵を描いた時間の%値
報酬予期群	18	8.59
予期しない報酬群	18	18.09
統制群	15	16.73

　報酬予期群では報酬を得ることが目的になってしまい，元来あった描画への興味がうすれ，報酬がなくなると描画行動が低下してしまったと考えられます。

　しかし外的報酬が常に内発的な興味を低めるとは限りません。言語的報酬などによって内発的動機づけが高められる場合もあります。この研究は不必要に外的報酬を使うことは望ましくないという結果を示唆しているといえます。

(アンダーマイニング効果)場合があるので,注意が必要です(コラム6・1)。
　罰よりは賞の方が動機づけを高め,効果が持続します(Hurlock, 1925)。意欲の低い子どもには,あまり高すぎない目標を与えて,成功体験などで不安を和らげ,徐々に最終課題へのステップの幅を広げて自信をつけさせ,内発的動機づけに移行させるような指導が重要です。

2)罰の効果
　罰が学習への動機づけになる場合もありますが,罰の効果は持続性が低いのです。学習者との良い関係が重要な基盤であることを念頭に,叱った後は,罰の与え手との関係も含めて,その効果をよく観察しましょう。とくに,幼児を叱る際には,好ましい行動への方向づけを明確にすることが重要です。

(2)内発的動機づけ
　認知心理学の台頭とともに,学習者の内面的な欲求,向上心や知的好奇心,達成動機などから,学習意欲について研究されるようになりました。

1)知的好奇心
　ブルーナー(Bruner, 1966)は,内発的動機づけの原型は知的好奇心だと考えます。また,バーライン(Berlyne, 1965)によれば,知的好奇心には自分が興味をもっていることをより深く知ろうとする特殊的好奇心と,知らないことや新しいもの,珍しいものを知ろうとする拡散的好奇心があります。どちらの好奇心も学習意欲の基盤として働きますが,一定のまとまった知識を獲得していくうえで,特殊的好奇心の重要性は明らかといえます。

2)知的好奇心を喚起する条件
　バーライン(1963)は,子どもの既有知識や予想・期待と矛盾する情報を与えると,概念的葛藤が生じ,知的好奇心(特殊的好奇心)が喚起されると考えます。たとえば,軽いものは水に浮き,重いものは沈むと思っている子どもに,鉄でできた重い船がなぜ沈まないのかと問いかけると,「知りたい」という気持から,学習への意欲が生じると考えられます。

コラム6・2

仮説実験授業

　発見学習の一つに，板倉の提唱した仮説実験授業があります。この授業では，教師が生徒たちに観察できるような現象について発問し，結果を予測させ（仮説を立てさせ），なぜそう考えるかを発表，討論させて，実際に実験してみせます。生徒たちはこの過程で，他者の考えをよく聞き，自分の考えを他者に説明するために明確化し，論理的思考を養い，教材への理解を深めます。生徒たちの実験結果への関心は非常に高く，その結果についての教師の説明，一般化への理解は深いといわれています。

はねかえす力と力のつたわり方

　ここに2つのばね，A，Bがあります。AとBに，1つずつ，おもりをつりさげたら，ほぼ同じくらいのびました。そこで，次に，これを下の図のように，横に2つつないで，一方を柱にむすびつけ，もう一方のはしを手でひっぱることにします。2つのばねは，それぞれ，どのようにのびるでしょう。

〈予　想〉

　　ア　AとBと同じくらいのびる。

　　イ　Aのほうが，たくさんのびる。

　　ウ　Bのほうが，たくさんのびる。

〈討　論〉どうしてそうなると思いますか。みんなの考えをだしあいましょう。

〈実験の結果〉

図6-1　仮説実験授業の具体例（板倉・上廻，1965）

その他にも，情報の新奇性や曖昧さ，概念や認知の不整合や葛藤などが，内発的動機づけを喚起する条件だと考えられており，授業の教材や導入，指導方法が工夫されています。ブルーナー（1960）の提唱した発見学習や板倉聖宣による仮説実験授業は，知的好奇心から学習意欲を喚起するよう工夫されたものです（コラム6·2）。

2. 達成動機と原因帰属

難しいことに挑戦してやり遂げたいという達成動機は，学習場面でも重要な内発的動機ですが，結果の成功・失敗だけが「やる気」に影響するわけではありません。意欲の欠如や無気力がなぜ生じるかとあわせて考えてみましょう。

(1) 達成動機

達成動機とは，いわゆるやる気です。達成動機の高い人は，目標を高く設定して困難な場面でも頑張るし，失敗しても簡単にくじけないので，学習場面でも良い結果を残すことが多いといえます。アトキンソン（Atkinson, 1964）によれば，達成動機には成功達成動機と失敗回避動機の2つの動機が関係しています。達成動機が強くて失敗を恐れなければ，目標達成に向けた行動が持続されますが，やってみたいという気持ちがあっても，失敗を怖れる気持ちの方が強ければ，達成行動は起きないのです。

やる気があっても課題が難しすぎれば失敗して意欲は下がり，易しすぎても意欲がそがれます。また失敗を恐れる気持ちが非常に強いと，易しすぎる課題を選ぶか，失敗しても言い訳のできるような難しい課題を選ぶことも考えられます。学習意欲を維持して学習効果を上げるには，学習者の状態をよく見極め，努力すれば達成できるような，それぞれに見合った目標を設定し，成功したらそれを認め，失敗しても「やればできる」という期待を示すことが必要です。

(2) 原因帰属

行動の成功や失敗の原因を何に求めるか（帰属理論）によって，次の行動への動機づけが異なってきます。試験に失敗した時，「準備不足だった」と考える

コラム6・3

失敗の原因は？ ―原因帰属―

ワイナー（Weiner, 1979）は表 6-2 のように，成功・失敗の原因帰属を統制の位置（内的–外的）と安定性および統制可能性の 3 次元で分類しました。

表 6-2　達成課題の成功・失敗についての原因帰属（Weiner, 1979）

	内的統制		外的統制	
	安定	不安定	安定	不安定
統制不可能	能力	気分	課題の困難さ	運
統制可能	日頃の努力	一次的な努力	教師の偏見	他者からの普通でない援助

　努力によって成功したと考えれば（内的・不安定要因），誇らしく感じ，同じような課題でも成功するだろうと期待して努力が持続されますし，能力によって成功したと考えれば（内的・安定），もちろん意欲は落ちません。一方，失敗を自分の能力不足と考えれば，結果に失望し，どうせ次でもうまくいかないだろうと考えて意欲は落ちますが，失敗したのは努力不足だと考えると，恥ずかしいから次は頑張ろうと考え，意欲は落ちないでしょう。また，成功しても課題の易しさや運の良さ（外的・統制不可能）に原因を帰属すれば，自分では統制できないので，頑張る気持ちになれないでしょう。

　速水（1990）は，ワイナーの見解を，内的・外的要因への帰属は自尊感情に，また，安定性の次元は期待・予期に影響するとまとめています。

　このように，学習意欲には成功・失敗という結果だけでなく，学習者がその原因をどう認知するかとそれに伴う感情が大きくかかわってきます。

か，あるいは「もともと数学は苦手だから」と考えるかで，「今度こそ頑張ろう」，「どうせやっても無駄だ」など，学習への意欲が変わってきます。

ワイナー（Weiner, 1979）は学習場面での成功，失敗の原因帰属を，表6-2のように3つの次元で分類しました。能力や努力は個人の内面の原因（内的要因）で，課題の困難度や運は外側の原因（外的要因）です。また，能力や課題の困難度は変化しません（安定要因）が，努力や運は変わります（不安定要因）。第3の次元は，個人の意志で統制できるかどうか（統制可能・不可能要因）の次元です（コラム6・3）。

ワイナーに従えば，失敗の原因を能力に帰属すれば，次もうまくいかないだろうと予想してやる気が失せますが，努力に帰属すれば，必ずしも意欲は落ちません。これを教育場面にあてはめれば，子どもに失敗の認知を努力に帰属させる指導が，やる気をもたせるうえで有効だと考えられます。

ドゥエック（Dweck, 1975）は，やる気の低い子どもたち（8〜13歳）に算数課題を与え，易しい課題で成功経験ばかりする群と，難しい課題もあって失敗経験もある群に分けて，1日15回，25日間の訓練での成績の変化をみました。一般に，自信を失った子どもには，成功経験を積ませて，徐々に自信を回復させることが有効だと考えられていますが，この実験では，易しい問題で成功経験を重ねた群は，成績が上がらず，失敗すると自信をなくしました。一方，失敗を努力不足と考えるように指導した群の成績は向上し，困難な課題にも粘り強くとりくんだと報告されています。このような結果から，教育現場において，失敗を努力に帰属させることが有効だと考えられるようになってきましたが，学習者の状況によっては，「もっと努力しなさい，頑張りなさい」と，努力に原因を求めすぎないように注意する必要があります。

(3) 学習性無力感

セリグマンとマイヤー（Seligman & Maier, 1967）は，人がどんな時にやる気をなくし無力感に陥るかを，犬を被験体とした実験で示しました。身動きができないように固定された犬に電気ショックをくり返し与えると，その後，自力で電気ショックから逃れられる状況になっても，犬は自ら逃げようとせず，電気ショックを浴び続けました。セリグマンはこれを学習性無力感（learned

コラム6・4

無力感はどのようにつくられるか
―セリグマンらの実験―

　第1セッション：犬はハンモックで固定され，64試行の逃避学習が行われました。逃避群では鼻でパネルを押すと電気ショックが止まりますが，電気ショック群は電気ショックが続く間，そのまま電気ショックを受け続けました。

　第2セッション：統制群も参加。3群の犬は，肩の高さの柵で区切られた2部屋続きのシャトルボックスに入れられました。ランプの消灯（CS）後10秒で電気ショックが来ますが，柵を越えて隣の部屋へ逃げ込めば電気ショックを回避できます。電気ショックを回避できなければ，60秒間電気ショックを受けます。10試行の回避学習の結果，逃避群と統制群は回避学習に成功しましたが，電気ショック群8匹のうち6匹は電気ショックを回避できませんでした。7日後の再学習でも，6匹中5匹は電気ショックの回避に失敗しました。

　逃避群と統制群の成績に差がなかったので，単に電気ショックを受けたこと，つまり失敗をくり返したことによって無力感が形成されたのではなく，第1セッションでの経験，つまり，電気ショックを自分でコントロールできなかったことが無力感を生んだと考えられました。

表6-3　回避学習の結果　(Seligman & Maier, 1967)

	平均反応潜時（秒）	10試行中9試行以上失敗した犬（%）	失敗した試行数の平均（10試行中）
逃避群	27.00	0.00	2.63
統制群	25.93	12.50	2.25
電気ショック群	48.22	75.00	7.25

各群　$N = 8$

helplessness）と名づけ，自分では統制不能な状態に一定期間おかれたことによって，無力感が学習されたと考えました。自分の力では及ばないような課題を与えられて失敗をくり返すと，解決可能な課題にもとりくもうとしなくなると考えられます。このような無気力な状態では，動機づけが低下するとともに，課題場面での自分の行動について，適切な認知ができなくなり，情緒的にも不安定でうつ的な傾向が出てくるといわれます（コラム6·4）。

3. 自己認知と動機づけ

私たちが困難な課題にとりくもうとするかどうかは，その課題ができるはずだという自信の有無が影響します。このように，内発的動機づけには，学習者が自分の能力や結果の成功・失敗をどう考えるかが関係すると考えられます。

(1) コンピテンス，自己効力感

人は誕生直後から環境とのやりとりをとおして知識を獲得し，知的能力を高めていきます。この環境と積極的な交渉を行うのに，自分が努力すれば何とかなるという見通しと自信は非常に重要で，ホワイト（White, 1959）はこのような能力や意欲を効力感・コンピテンスとよびました。この効力感が高い人は，新しい問題や困難な場面にも積極的にとりくもうとします。

また，バンデューラ（Bandura, 1977）は，人は何か行動を起こそうとする時，自分がそれをうまくやれるという確信（見通し）がないと，やる気が起きないが，このやれそうという気持ち（自信）やここまでできるのではないかという考え（見通し）が自己効力感（self-efficacy）だと考えました（図6-2，コラム6·5）。

ワイナーによれば，効力感の高い人は成功・失敗ともに努力に帰属し，効力感の低い人は成功は課題の易しさや運のよさに，失敗は能力不足に帰属する傾向があります。努力へ帰属する人は，やれば何とかなると考えるので，失敗しても課題に粘り強くとりくみますが，運や能力のような自分ではどうにもできない要因に帰属するとあきらめやすく，無力感に陥りやすいと考えられます。

効力感を育てるには，①進歩の跡が子どもにわかるように評価する，②ちょっとむずかしくて，やりがいのある課題にとりくませて，努力の意義や楽

コラム6・5

自己効力感

　バンデューラによれば，人は行動に先立って，その行動がどんな結果を生み出すかという予期（結果予期）とその結果を生みだすのに必要な行動をどの程度とれるかという予期（効力予期）を認知します（図6-2）。自己効力感とは自分がどの程度の効力予期をもっているかを認知すること，いわば課題をやり遂げられるという自信といってもよいでしょう。

　行動を行えば良い結果が得られると思っても（結果予期），うまくやれると思えないと行動は起きません（効力予期）。この両者の関係では，効力予期が結果予期や過去の成功経験より行動の決定にとって重要だと考えられます。つまり，やればできそうだし，過去に成功したことがあるとわかっていても，今現在，自分にできると思えなければ行動が達成されないことになります。

　また，自己効力感は動機づけに大きくかかわります。自分がうまくできるだろうと思う気持ちが強いほど努力する，つまり，効力予期の高低は活動や場面の選択だけでなく，どのくらい努力するかや困難に出会ってもどれくらい我慢して頑張るかに関係するのです。

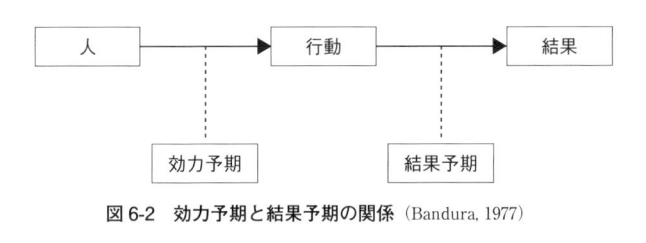

図6-2　効力予期と結果予期の関係（Bandura, 1977）

しさを経験させる，③自分の意志で選ばせる，④仲間同士の教えあいで，発言が認められるような経験を積ませるなどが効果的だといわれます（稲垣, 1980）。

　筆者は教室の目標に「どんどん間違いをしよう」と書かれた小学校2年生のクラスで，子どもたちが活発に自分の考えを発表しあい，読みを深めていく，集団思考のモデルのような「国語」の授業に出会ったことがあります。①〜④に加えて，なるべく教師の成績評価を受けない状況が作られることも重要です。

(2) 自己決定

　デシ (Deci, 1980) は内発的動機づけの一側面として，自己決定を考えています。自己決定とは，決められたとおり，あるいは指示されたとおり自動的に行動するのではなく，どう行動するかを自分の意志で決めること，選択肢が一つしかない場合でもただ機械的に従うのではなく，調整や対応のしかたなどを自分で考えて決めることです。人に指示されて何かをするのと，「自分で決めて行動する」のとでは，やる気に大きな違いが出てきます。人は困難にぶつかっても，自分で決めたことだと責任をもって何とかやりとおそうと努力します。先に述べたアンダーマイニング効果がとくに内発的な学習意欲の高い子どもの場合に顕著なことからも，自己決定の重要性が理解できるでしょう。

(3) 目標理論と知能観

　ドゥエック (Dweck, 1986) は，知能をどのように考えるかによって，学習目標の立て方や，学習活動に違いが出てくると考えました。知能は変化しないと考えれば（固定的知能観），頑張ってよい成績をとって先生や友だちから認めてもらうこと，よい評価を得ることが学習の目的になります（遂行目標）。したがって，自分の能力に自信のない場合は，失敗を恐れて，挑戦を避ける傾向があります。これに対し，知能は努力すれば伸びると考えれば（拡大的知能観），新しい知識や技術を獲得して自分の能力を高めることが学習の目標になります（学習目標）。たとえ，結果は失敗であっても，失敗経験によって能力は向上するので，失敗を恐れず挑戦し，意欲も低下しないでしょう（コラム6・6）。

　達成動機では学習者が課題を最後までやり遂げるかどうかを問題としますが，最近ではこのように学習者の知能観からくる達成目標の違いが後の学習活動に影響することが注目されています。また，子どもがどのような暗黙の知能観を獲得するかには，教師のもつ暗黙の知能観が大きく影響すると考えられます。

　今日，学校教育において，また生涯学習の観点からも，自己教育力・自己学習力の必要性が認められ，この育成は重要な教育目標とされています。自己学習力とは，学習者が自分の力で学んでいく態度や構え，学習の技術だと考えられます。自己教育力の育成を考えるうえで，本章で論じてきた学習意欲について，とくに内発的動機づけにかかわる要因について充分考慮した指導が必要でしょう。

コラム6・6

知能は変わるか？
―固定的知能観と拡大的知能観―

　ドゥエックは学習性無力感を研究するなかで，困難な課題にぶつかったり失敗するとすぐあきらめて無力感をもってしまう子ども（無力感型）とあきらめずに粘り強くとりくむ子ども（熟達志向型）との違いに着目しました。ダイナーとドゥエック（Diner & Dweck, 1980）は，4～6年生を対象とした実験から，熟達志向型は成功・失敗にかかわらず自分の能力を高く評価するのに対し，無力感型は成功しても自信がもてず，失敗すると自分に否定的になることを見出し，このような成功・失敗の認知の違いは達成目標の違いによること，また動機づけにおいては達成目標が非常に重要だと考えました。さらに，達成目標を決定し，達成行動のパターンを生み出すのは，その基盤にある知能についての考え方，暗黙の知能観（固定的知能観と拡大的知能観）だと考えるようになり，表6-4のような知能観，達成目標，能力認知，遂行行動パターンの関係を考えました。

表6-4　達成目標と達成行動（Dweck, 1986; 宮本・奈須，1995）

知能理論	志向目的	現在の能力への自信	行動パターン
実体理論 （知能は固定的）	遂行目標 （目標は肯定的評価を受け／否定的評価を避けること）	高い　→ 低い　→	熟達志向型 挑戦を求め，高い持続力 無力感型 挑戦を避けて，低い持続力
拡大理論 （知能は可変的）	学習目標 （目標は能力を拡大すること）	高い あるいは 低い	熟達志向型 挑戦を求める （学習を促進する） 高い持続力

■発展学習■

1. 復習しよう

(1) 外発的動機づけと内発的動機づけを比較説明しなさい。

　①外発的動機づけ

　②内発的動機づけ

(2) 下の表の空欄に成功・失敗の原因（帰属させる原因）を入れ，分類の3つの次元について説明しなさい。

達成課題の成功・失敗についての原因帰属

	内的統制		外的統制	
	安定	不安定	安定	不安定
統制不可能				
統制可能				
分類の3次元				

(3) 自己効力感と学習意欲との関係を説明しなさい。

2. 考えてみよう

(1) 意欲の低い子どもを外発的動機づけから徐々に内発的な行動に向けていく方法を具体例から考えなさい。

(2) あなたは試験などで失敗した時,どのような原因帰属をしましたか,どのような気持ちがして,次に(試験に向けて)どうしようと考えましたか。原因帰属と学習意欲について学習したことから考えてみましょう。

(3) あなたはどのようなことに自信をもっていますか。どうして自信をもつようになったのでしょうか。自信がないことについても,同じように理由を考えてみましょう。

3. 調べてみよう

(1) 子どもの好奇心を喚起するように工夫された,授業や保育活動の指導案を見つけなさい。

(2) 成功・失敗の原因を努力に帰属させることの問題点を考えてみましょう。——「なせばなる」という一種の信念と,努力はすばらしいことで道徳的・倫理的に価値があるのだという価値観の両方から考えてみましょう。また,教育(保育)実習場面で当てはまる事例があるか,観察しましょう。

(3) 教育実習や保育実習の際,担任の先生が出す課題や出題の方法,子どもへの評価や声かけなどから,担任の先生がどのような知能観(固定的知能観と拡大的知能観)をもっているかを考えてみましょう。

引用文献

Atkinson, J. W. (1964). *An introduction to motivation.* Princeton, NJ: Van Nostrand.
Bandura, A. (1977). Self-efficacy: Toward a unifying theory of behavior change. *Psychological Review,* **84**, 191-215.
Berlyne, D. E. (1963). Motivational problems raised by exploratory and epistemic behavior. In S. Koch (Ed.), *Psychology : A study of science.* New York: McGraw-Hill.
Berlyne, D. E. (1965). *Structure and direction in thinking.* New York: John Wiley.（橋本七恵・小杉洋子（訳）(1970). 思考の構造と方向　明治図書出版）
Bruner, J. S. (1960). *The process of education.* Cambridge, MA: Harvard University Press.（鈴木祥三・佐藤三郎（訳）(1963). 教育の過程　岩波書店）
Bruner, J. S. (1966). *Toward a theory of instruction.* Cambridge, MA: Belknap Press of Harvard University Press.（田浦武雄・水越敏行（訳）(1983). 教授理論の建設　改訂版　黎明書房）
Deci, E. L. (1971). Effects of externally mediated rewards on intrinsic motivation. *Journal of Personality and Social Psychology,* **18**, 105-115.
Deci, E. L. (1980). *The psychology of self-determination.* New York: Lexington Books.（石田梅男（訳）(1985). 自己決定の心理学―内発的動機づけの概念をめぐって―　誠信書房）
Diener, C. I., & Dweck, C. S. (1980). An analysis of learned helplessness: II, The processing of success. *Journal of Personality and Social Psychology,* **39**, 940-952.
Dweck, C. S. (1975). The role of expectations and attributions in the alleviation of learned helplessness. *Journal of Personality and Social Psychology,* **31**, 674-685.
Dweck, C. S. (1986). Motivational prosesses affecting learning. *American Psychologist,* **41**, 1040-1048.
速水敏彦 (1990). 教室場面における達成動機づけの原因帰属理論　風間書房
Hurlock, E. B. (1925). An evaluation of certain incentives used in school work. *Journal of Educational Psychology,* **16**, 145-159.
稲垣佳世子 (1980). 効力感を育成する　波多野誼余夫（編著）　自己学習能力を育てる　東京大学出版会　pp.78-95.
板倉聖宣・上廻昭（編著）(1965). 仮説実験授業入門　明治図書出版
Lepper, M. R., Green, D., & Nisbett, R. E. (1973). Undermining children's intrinsic interest with extrinsic rewards: A test of the "overjustification" hypothesis. *Journal of Personality and Social Psychology,* **28**, 129-137.
宮本美沙子・奈須正裕（編著）(1995). 達成動機の理論と展開―続・達成動機の心理学―　金子書房
Seligman, M. E. P., & Maier, S. F. (1967). Failure to escape traumatic shock. *Journal of*

Experimental Psychology, **74**, 1-9.
Weiner, B. (1979). A theory of motivation for some classroom experiences. *Journal of Educational Psychology*, **71**, 3-25.
White, R. W. (1959). Motivation reconsidered: The concept of competence. *Psycholological Review*, **66**, 297-333.

参考文献

波多野誼余夫（編）（1980）．自己学習能力を育てる―学校の新しい役割―　東京大学出版会
鹿毛雅治・奈須正裕（編著）（1997）．学ぶこと教えること―学校教育の心理学―　金子書房
梶田正巳（編）（2002）．学校教育の心理学　名古屋大学出版会
岸本弘（1987）．思いやりの動機と達成動機　学文社
北尾倫彦（1991）．学習指導の心理学―教え方の理論と技術―　有斐閣
小西秀勇（編著）（1986）．教育心理学概論　北大路書房
子安増生・田中俊也・南風原朝和・伊東祐司（2003）．[新版] 教育心理学　ベーシック現代心理学6　有斐閣
宮本美沙子（編著）（1979）．達成動機の心理学　金子書房
宮本美沙子・奈須正裕（編著）（1995）．達成動機の理論と展開―続・達成動機の心理学―　金子書房
多賀秀継（2010）．教育心理学　第2版　サイエンス社
吉田甫・栗山和広（編著）（1992）．教室でどう教えるかどう学ぶか―認知心理学からの教育方法論―　北大路書房

第7章

友だち

　児童期の子どもの友だち関係は，小学校になるとさらに広がり，仲間との関係はより重要性を増します。子どもたちは，学校やクラスの友人から影響を受け，仲間の中にいることで成長をしていきます。

　そこで本章では，児童期の子どもたちの仲間との関係とその特徴について述べます。さらにその仲間との関係がうまくいかない状態の「いじめ」や，学級集団への不適応としての「不登校」について述べます。

1. 児童期の子どもの友人関係

　小学校に入ると，子どもたちは遊びをとおして仲間集団を作るようになります。そこで，小学生の友だちのとらえ方や友だちとの関係における特徴などについて述べます。

(1) 児童期の友人関係

　小学生にとっての友だちとはいったいどのようなものなのでしょうか。横山 (2004) による調査（小学4年生687名，小学6年生875名）では，9割以上の子どもが，友人は自分のことを理解してくれ，自分も友人のことを理解していると認識しており，友人関係を面倒くさいと感じている子どもは1割程度であったと報告されています。またさらに，約半数の子どもが友人に好かれているかどうかを気にしているものの，8割が友人関係に満足しているということがわかっています。つまり，小学生はただ単に遊ぶとか，物を共有するというような活動を一緒にする人を友人として認めるのではなく，お互いの性格などを理解したうえで，友人として認めるようになります。また，児童期は，互い

表7-1 低年齢少年の価値観などに関する基本調査（総務庁，2011より）

友人の数	男			女		
	小4	小5	小6	小4	小5	小6
いない	0.0	0.5	1.1	0.0	0.0	0.0
2人	3.5	2.5	2.7	10.8	6.1	5.1
3～5人	43.9	52.7	42.8	56.7	60.1	50.5
6～9人	15.8	20.4	22.5	14.0	16.6	24.0
10人以上	30.4	17.4	21.9	14.6	13.5	14.3
グループは決まっていない	5.3	6.0	7.5	3.2	3.7	5.1
わからない	1.2	0.5	1.6	0.6	0.0	1.0

（単位は%）

に助けあう友人関係をとるようになります。これは，小学生になると，自分の視点と他者の視点を同時に考えられるようになり，自分のことだけでなく，相手のことも考えられるようになるためです。

　また，小学4年生から小学6年生を対象とした総務庁（2011）の調査によると，男女ともに約半数が3～5人の友だちがおり，グループが決まっていない子どもは1割に達していません（表7-1）。つまり，小学生のころから特定のグループの友だちと遊ぶ傾向が高いということになります。小学校中学年ごろからは，ルールのある協同的な遊びやゲーム（鬼ごっこやドッヂボール，野球など）を好んでやるようになります。このような遊びやゲームをするための仲間集団ができ，その集団内には子どもたちによってルールが作られることになります。子どもたちは，自主的に集団のルールを守り，仲間と一緒に集団の中で役割をもつことで，責任や協力，思いやりなどを学び，社会的な人間関係の基礎を身につけることになります。

(2) 子どもが所属するグループ

　児童期，とくに小学校中学年くらいから，子どもたちにとって大人の権威は絶対ではなくなります。このころから親や教師に対して反抗的であったり，批判的になったりもします。そして，親よりも仲間と一緒に過ごすことを楽しく思うようになるのもこのころからです。子どもは，友人と高い凝集性を示すグ

ループを作り、友人に同調することが多くなります。同調とは、同じ行動をすることを意味しています。

小学生のころにはやる遊びなどにはその特徴がみられます。たとえば、「秘密基地」を作って特定の子どもとだけ中で遊んだり、一人の子どもが持ってきた消しゴムをきっかけにクラスのみんなが同じ消しゴムを買ったり、集めたりすることなどがあげられます。また、「ピンポンダッシュ」といわれる玄関のチャイムを押してみんなで逃げるというような行為もあります。このような社会的に望ましくない行動も、仲間に同調することで行われることがあります。このような同調性を基盤とした児童期の子どものグループを「ギャング・グループ」とよびます。

保坂・岡村（1992）は、仲間関係の発達を3つの段階で整理しています。

①ギャング・グループ

ギャング・グループは、外面的な同一行動による一体感を特徴としています。親から自立するために仲間関係を必要とし始める児童期にみられるグループのことです。このグループでは、仲間と同一の行動をすることを重んじられます。

②チャム・グループ

中学生くらいになるとみられる仲良しグループです。内面的な類似性によって結びつき、共通の趣味や同じ部活動などの共通点や類似性を、言葉を使って確かめあうグループです。とくに女子にはこの傾向が強く、2, 3人のグループを作り、好きなアイドル、嫌いな友人の話題などで盛り上がったりします。

③ピア・グループ

内面的にも外面的にも、互いに自立した個人として違いを認めあいながら共存できる状態にあるグループです。高校生くらいからあらわれるといわれ、チャム・グループのように共通性や類似性だけでなく、異質性をぶつけあうことによって、他の人との違いを認めあいそのうえに成立するグループのことです。

現在、子どもたちは、一緒に遊ぶ時間や場所が少なくなったことで、ギャング・グループに所属することが少なくなると同時に、ピア・グループを形成する時期が高校生くらいよりも遅くなっているといわれ、チャム・グループに属する時間が長くなっていることが指摘されています。

コラム7・1

ピアサポート

　ピアサポートの peer は，同年代の仲間という意味です。そして，サポート（support）は，支えることや支援することを意味しています。ピアサポートは，先生に相談するほどの問題ではなく，先輩や友だちに聞くことで解決できるような問題を相談の対象としています。

　このピアサポートが学校などに組織的に広がったのは，カナダにおいてであると考えられます（森川，2002）。カナダのバンクーバー周辺の学校にスクールカウンセラーが配置されたにもかかわらず，なかなかその活動が生徒の中に浸透しませんでした。なぜなのかということを調査した結果，子どもたちは，友人関係や学習の悩みなどを抱えていながら大人にはあまり相談しない実態がわかりました。そこで，子どもたちの自助を基本とするセルフ・ヘルプと生徒同士がお互いに助けあえるようにするピアヘルピングの重要性が指摘されるようになりました。

　日本の学校でとりくみが始められたのは，1988年，石川県教育センターの事業で，不登校の高校生の宿泊活動をしたことによります。また，いじめに対して，横浜市の中学校でとりくんで以降，日本の学校でも本格的に注目されるようになりました。

　学校の実態や課題（問題），指導する教師の実態に合わせて計画をたてることが大切です。またピアサポーターは，活動の前にトレーニングを受けます。トレーニングの内容としては，次のようなものがあげられます。

①ピアサポートの意義・目的とその活動内容
②リレーション作り
③自己理解
④他者理解
⑤基礎的なコミュニケーションに関する技法
⑤ピアサポーターの限界

　このようなトレーニングを実施したのち，さらに必要な訓練を行い，学校の実態にあった相談活動を継続します。ピアサポートの効果としては，生徒や教師，さらには学校全体の支援の輪が広がることが期待されます。

2. 不登校の定義と要因

友人との関係や学習など学校生活への適応がうまくいかず，病気でもないのに学校を欠席することがあります。そのような状態は，不登校といわれます。

(1) 不登校とは

日本の社会で不登校が問題とされるようになったのは，1960年代頃からです。当時は，「学校恐怖症」とよばれていましたが，その後「登校拒否」となり，平成に入ってからは，学校に行きたくない子どもばかりでなく，行きたくても行けない子どももいることから「不登校」とよばれるようになりました。

不登校とは，子どもが学校に行かない，行けない状態にあることをさしています。つまり何らかの要因により，学校生活と子どもとの適応がうまくいかない状態になることが不登校であるといえます。文部科学省は，不登校を，「何らかの心理的，情緒的，身体的，あるいは社会的要因・背景により，児童生徒が登校しないあるいはしたくともできない状況にあること」であると定義し，毎年，児童生徒の問題行動に関する調査を実施しています。この調査によると，不登校を示す小・中学生は，1980年代から右肩上がりに増加し，2001年度（平成13年度）には，年間30日以上欠席する小・中学生がこれまでに最高の人数（小・中学生7,296,920人中138,722人が不登校）となっています。その後，徐々に減少していましたが，平成18年度には前年度より4000人強の増加があり，社会問題として報じられました（図7-1）。

不登校は，小学1年生から中学3年生まで「J」の文字のようなカーブを描いて増加しています（図7-2）。小学生から中学生になるとその数は約3倍に増加します。このような現象は「中1ギャップ」とよばれています（新潟県教育委員会，2007）。小学校では，主に担任教師による授業が行われますが，中学校になると教科担任制となります。また，部活動などに参加することで，同じ学年やクラスの友人との関係だけでなく，先輩との関係も加わります。このような学習や生活の変化になじめない時に不登校になりやすくなると考えられます。さらに，小学校まで自分を助けてくれた友人や教師などの援助資源（石隈，1999）が少なくなることもその要因としてとらえられます。

2. 不登校の定義と要因　　107

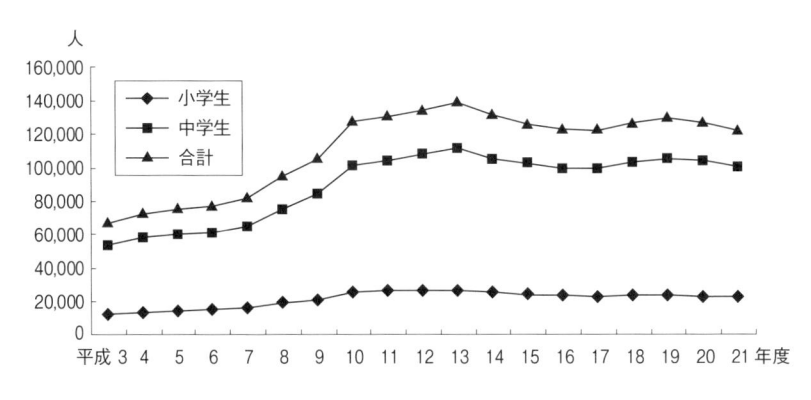

図 7-1　小・中学生の不登校の推移

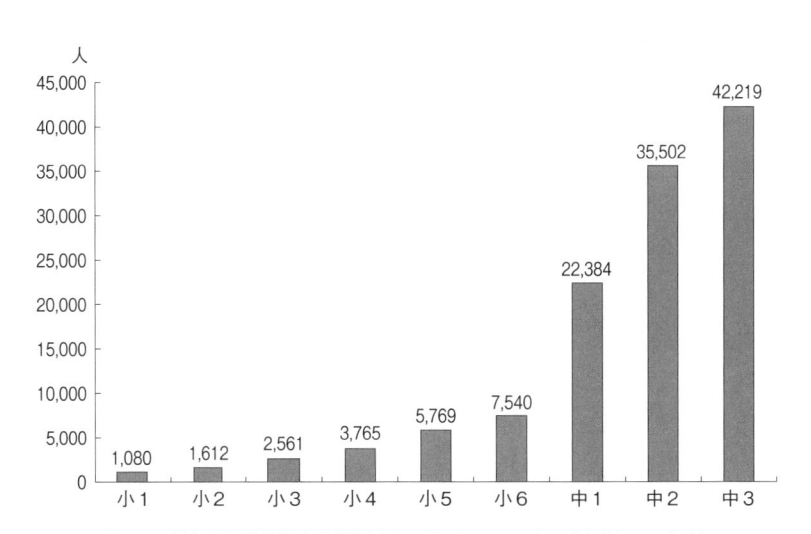

図 7-2　学年別不登校児童生徒数（文部科学省，2010（8月速報値）より作成）

（2）不登校のタイプ

　小林（2004）は，不登校の初期や不登校傾向を示すなどの初期の段階と，不登校が本格化した段階とではその対応や援助の方法が異なることを指摘しています。そして不登校の初期段階では，問題のきっかけに注目して，その要因に働きかけることや子どもの示す症状に注目する必要があるとしています。不登校のきっかけとしては，友人関係をめぐる問題やいじめ，親子関係をめぐる問題，学業不振などがあげられます。原因が明確な場合は，その原因をとりのぞくことによって解決することは少なくありません。しかし，とくに小さい子どもの場合，なぜ学校に行きたくないのか，あるいは行けないのかについての原因が本人にもわからないことが多くあります。このような子どもには，原因を追及するよりも，実際にどのような反応が起こるのかに注目しながら対応を考える必要があります。

　さらに不登校が本格化した段階でのタイプは，学校に「登校できない」「登校したくない」「登校しない」などに分類することができます。何らかの原因（不安や緊張など）により登校できない子どもと，自分から登校しないと決めている子どもでは，その対応は異なります。小林（2004）は，本格化した不登校をセルフコントロールとソーシャルスキルの高低によって説明し，4つのタイプに分類しています。それは，①セルフコントロールが高くソーシャルスキルの低い「まじめ群」，②セルフコントロールもソーシャルスキルも高い「一次的不適応群」，③セルフコントロールもソーシャルスキルも低い「育てる群」，④セルフコントロールが低くソーシャルスキルが高い「わがまま群」です。

　また田上（1999）は，不登校の子どもが学校に復帰するには，子どもが環境（学校や学級）と「折り合い」をつけることが必要であることを指摘しています。「折り合い」（田上，1999）とは，①楽しいことがある（不安や緊張が少ない），②友人や先生などとの人間関係がある，③自分が学習することや学校に通うことの意味を見出すことができているという3点からなります。この3つのうちどれかが少なくなっている時は不登校になりやすく，逆に3つがそろう，あるいは1つが突出して強い子どもは不登校になりにくいととらえられます。

　これらの分類は，学校復帰を支援する際の1つの目安とすることができます。

コラム 7・2

子どもの問題に対する援助チーム

　不登校の子どもへの援助は，保護者，教師，スクールカウンセラーなどが連携し，1つのチームとなって行うことでその効果をあげることができます。援助チームは，子どもの学習面，心理・社会面，進路面，健康面における問題状況の解決をめざす複数の専門家と保護者によるチーム（石隈，1999）のことです。

　不登校の子どもへの援助を進める時には，さまざまな角度からの情報が必要となります。子どもの中には，学校での様子（授業中，部活動の時間，掃除や給食の時など）と家での様子（家庭学習，塾，友人とのかかわりなど）が異なる者もいます。このような情報は，複数の援助者がいることによって，把握しやすくなります。また，とくに不登校の子どもへの援助においては，援助者が異なる方針で接すると，子どもの混乱や不安が大きくなります。たとえば，保護者は，午前中だけでもよいから学校にいようと言い，担任教師は，午後まで教室にいるように求めたとします。このような援助者の不一致は子どもを葛藤状態に陥れることになります。

　このような状況を作らないようにし，援助者の方針を一致させ，実行してきた援助について確認しながら進めることができるのがチーム援助のよさです。

図7-3　援助チームによる話しあい（ロールプレイ）の様子（日本学校心理学会，2006）

3.いじめとそのメカニズム

いじめは，どの社会でもみることができ，それは，子どもたちが行ういじめだけでなく，大人が大人に対して行うもの（例：パワー・ハラスメント，セクシャル・ハラスメントなど）なども広い意味でのいじめであるととらえられます。そこで，本節では子どもが子どもに対して行ういじめについて述べます。

(1) いじめの定義

文部省は1985年，文部省初等中等教育局長が「いじめ問題に対する指導の充実」の通知を出しました。この通知から，いじめは従来子どもの社会にあった単なるいたずらやけんかとは異質のものであるという位置づけがされたことになります。そしていじめの定義は，「①自分より弱い者に対して一方的に，②身体的・心理的な攻撃を継続的に加え，③相手が深刻な苦痛を感じているもの。なお，起こった場所は学校の内外を問わない。なお，個々の行為がいじめに当たるか否かの判断を表面的・形式的に行うことなく，いじめられた児童生徒の立場に立って行うこと」とされ，いじめに関する調査が実施されてきました。

しかし2007年1月より，文部科学省は，いじめがあったかどうかを判断する基準を変更し，実際にいじめが発生したかどうかではなく，生徒がいじめられたという認知をした件数について調査しています。また，いじめの定義については，「当該児童生徒が，一定の人間関係のある者から，心理的，物理的な攻撃を受けたことにより，精神的な苦痛を感じているもの」となりました。また，起こった場所は学校の内外を問わないことになりました。さらに文部科学省が実施している「児童生徒の問題行動等生徒指導上の諸問題に関する調査」においては，パソコンや携帯電話を使って行う友人に対する中傷や悪口などもいじめであるとしています。

(2) いじめ発生のメカニズム

いじめは，ふざけているようにみえるものや，冗談，からかいなどから恐喝・傷害などの犯罪や生命にかかわるものまで幅広くとらえることができます（表7-2）。文部省の実施した児童生徒のいじめに関するアンケート調査（1997

表7-2 いじめに関する分類（深谷，1996より）

種類	けんかや意地悪	いじめ	いじめ・非行
意味	社会化されていない攻撃性の発揮	差別化・ねたみ，嫉妬から生じるゲーム	非行行為
健康性	どこでも発生する（健康性）	日本に多発（不健康性）	どの社会でも発生（非行性）
特徴	日常的・発達的	ゲーム性・うっぷん晴らし	非行集団またはそれに近い集団による非行
行為	兄弟げんか・けんか・悪口・意地悪・からかい	菌ごっこ・悪質な悪口・無視・仲間はずれ・嫌がらせ・落書き・ものかくし	カツアゲ・暴力・使い走り・いやがることの強制
時間	単発的・短期的	長期的に持続	
主たる発生期	幼児期・小学校	小学校期が中心	中学校期に増加
対象	相手は，そのときの関係性の中で非のある子	ターゲットとなる子の特性 ①弱者②目障り③劣等④ハンディキャップ	

によると，いじめは2，3人の少人数によって始められる割合が半数を占めており，1人が加害者となる割合は10％程度でした。また，被害者の80％は複数の加害者にいじめを受けていることもわかっています。このような状況から，いじめは，1対1の関係によるのではなく，1対複数という人数や力のバランスの不均衡な関係から発生することが推測できます。

　これまでに，いじめの発生や解消は，「いじめた子」と「いじめられた子」のみによって行われるわけではないことが指摘されています。森田（2010）は，いじめには加害者と被害者という関係だけでなく，それに対する適切な反作用が起こるような社会や集団であれば，集団内の認識や枠組みが固まり，正義が貫かれることを指摘しています。つまり，子どもが所属する学級集団をいじめに対する抑止力をもつ集団にすることは，いじめ防止につながることであると考えられます。いじめの加害者と被害者のまわりには，それをとりまく子どもたちがいます。森田（2010）は周囲にいる子どもたちを，いじめを見てはやし立ておもしろがっている子どもたち（観衆）と，見て見ぬふりをしている子どもたち（傍観者）の2つに分類していじめのメカニズムを説明しています（図7-4）。

　いじめを発見した時，教師は被害者と加害者にばかり注目してしまい，犯人を捜すことにばかりに終始することや，教師の前で謝ることで解決をしたかのように思うことも少なくありません。もちろんそのような対処をすることも必要です。しかし，いじめは被害者と加害者をとりまく周囲の子どもたちがどのような立場をとるかということによって促進され，あるいは抑制されます。

　周囲にいる子どもたちが，いじめを止めようとする「仲裁者」になる，あるいはいじめに対して否定的な態度をとることは，いじめを抑制することにつながります。逆に周囲の子どもたちがはやし立てることやおもしろがることは，いじめをいっそう激しいものにする可能性をもっています。つまり，子どもの集団が，いじめに対してどのような反応を起こすかということが大変重要です。

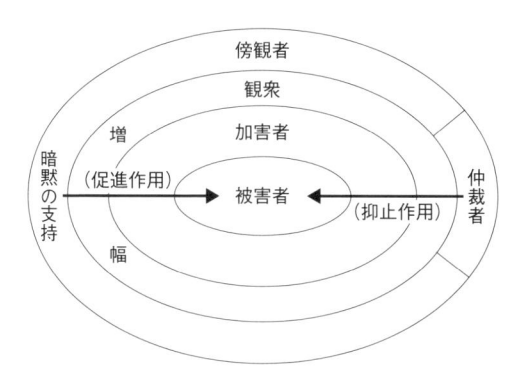

3. いじめとそのメカニズム　　113

図 7-4　いじめ集団の四層構造モデル（森田, 2010 より）

コラム7・3

いじめに関連する重大な事件

1993 年　山形マット死事件
　児玉君（中 1）は体育館のマットに巻かれた状態で窒息死していた。生徒 3 人（中 2）を逮捕，2 年生男子（12 〜 13 歳）を補導した。

1994 年　愛知県いじめ自殺事件
　大河内君（中 2）が首つり自殺をした。「いじめられて，お金を取られた」などの遺書が残されていた。4 人の加害者（中 2）は，保護処分となる。

1995 年　新潟県の伊藤君事件
　同級生のいじめを告発する遺書を残して，伊藤君（中 1）が自殺した。遺品の中から日記が見つかった。加害者 3 人（12 歳と 13 歳）は児童福祉法に基づく「注意・指導」を受けた。

1998 年　千葉の鈴木君事件
　鈴木君（中 2）は，先輩たちからの恐喝に耐えられず，自宅の倉庫で首をつって死亡した。主犯格の少年は少年院送致になり，同級生は観護措置となる。

■発展学習■

1. 復習しよう

(1)「児童生徒の問題行動等生徒指導上の諸問題に関する調査」において，文部科学省が定める「不登校」の定義について述べなさい。

(2) 文部科学省によるいじめの定義が改訂されたのは，いつですか。また，その「いじめの定義」（文部科学省）について述べなさい。

2. 考えてみよう

> **＊事例1＊**
> 小学2年生のBくんは，普段からとてもおとなしい子です。休み時間のことです。砂場で遊んでいるクラスの友だちのところに行き，「入れて」と言いました。しかし，誰も返事をしてくれませんでした。

(1) このような状況はいじめにあたるでしょうか。

(2) いじめであるとするならば，それはなぜですか。

(3) いじめでないとするならば，それはなぜですか。

> * 事例2 *
> 入学式から1週間くらいたったある日，中学1年のA子は気持ちが悪いといって，保健室に来ました。私（養護教諭）は，A子をしばらく休ませました。しばらくして教室に戻るように言うと，A子は「教室に行くと気分が悪くなる」と言って，泣き出してしまいました。

(1) あなたは養護教諭として，A子にどのような言葉をかけますか。

(2) A子が泣いたのは，どのような理由からだと思いますか。

3. 調べてみよう
(1) 適応指導教室（教育支援センター）

(2) 児童相談所

引用文献

坂西友秀・岡本祐子（2004）．いじめ・いじめられる青少年の心　北大路書房

深谷和子（1996）．「いじめ世界」の子どもたち―教室の深淵―　金子書房

保坂亨・岡村達也（1992）．キャンパス・エンカウンター・グループの意義とその実施上の思案　千葉大学教育学部研究紀要, **40**, 113-122.

石隈利紀（1999）．学校心理学―教師・スクールカウンセラー・保護者のチームによる心理教育的援助サービス―　誠信書房

小林正幸（2004）．事例に学ぶ不登校の子への援助の実際　金子書房

森川澄男（2002）．ピアサポート　楡木満生（編）スクールカウンセリングの基礎知識　新書館　pp.217-224.

森田洋司（2010）．いじめとは何か―教室の問題，社会の問題―　中央公論社

日本学校心理学会（2006）．見て学ぶ援助チーム―援助チーム会議の進め方―（DVD）

新潟県教育委員会（2007）．中1ギャップ解消に向けて―中1ギャップ解消プログラム　文書館

文部科学省（2010）．平成21年度児童生徒の問題行動等生徒指導上の諸問題に関する調査（小中不登校）

総務庁（2011）．低年齢少年の価値観等に関する基本調査

田上不二夫（1999）．実践スクールカウンセリング―学級担任ができる不登校児童・生徒への援助―　金子書房

横山卓（2004）．子どもの遊びと友人間―小学生の場合―　共栄学園短期大学研究紀要, **20**, 139-151.

参考文献

石隈利紀・田村節子（2003）．石隈・田村式援助シートによるチーム援助入門　図書文化

石隈利紀・水野治久（2009）．学校での効果的な援助をめざして―学校心理学の最前線―　ナカニシヤ出版

楡木満生（2002）．スクールカウンセリングの基礎知識　新書館

第8章

知的発達の障害

　文部科学省（2002）の小中学校の通常学級担任への調査によれば，全般的な知的発達に遅れはないものの，学習面か行動面に著しい困難があるとされた子どもたちの割合が，6.3％（その10年後の調査では6.5％）いることが明らかになりました。そこで2007年より，従来の特殊教育の対象だけでなく，通常の学級に在籍する支援ニーズのある子どもも含めて，個々のニーズに応じた教育が，支援対象児が在籍するすべての学校において実施されることとなりました。これを「特別支援教育」とよびます。つまり，通常の学級の教員すべてが，障害のない典型発達の子どもたちのみならず，特別な支援ニーズのある子どもたちへの理解と支援の方法も学ぶ必要があると考えられます。ここではとくに，知的発達に遅れ（知的障害）や偏り（発達障害：自閉症スペクトラム障害・LD・ADHD）のある学童期の子どもたちについてとりあげます。

1. 知的障害

(1)「障害」とは何か
　知的障害を学ぶ前に，「障害」という用語の意味を考えてみましょう。世界保健機関WHOが1980年に提唱したICIDH（国際障害分類）モデルでは，人間の備える機能のどこかが通常でないことは「機能障害（インペアメント）」，そのために「○○ができない」という状態は，「能力障害（ディスアビリティ）」とよばれ，区別されています。さらに，その機能障害や能力障害があることが原因で何らかの活動に参加できないなどの「社会的不利（ハンディキャップ）」と合わせて「障害の3つの次元」とされています。このICIDHモデルで考えると，たとえば両足にまひがある（機能障害）人は，歩けず移動困難（能力障

害）となりますが，機能障害は治らなくても，能力障害という次元の「障害」は訓練や車いすのような補助手段を利用することで改善や克服ができるものとなるわけです。しかしながら，エレベータがないなどの理由で車いす利用ができず，行きたい学校に行けなければ，それは「社会的不利」となるわけですから，バリアフリーを実現するために周囲の人々が環境をよくしなければなりません。このように，一口に「障害」といってもどの次元のことかによって，そのありようは違ってきます。このモデルは，2001年，用語がネガティブなものからポジティブなものに変わり，個人因子や環境因子といった概念も加わって，ニーズのある人々の支援のために役立つICF（国際生活機能分類）モデル（第4章参照）に発展しました。

（2）知的障害の定義

アメリカ知的・発達障害学会（AAIDD）の2010年度版定義では，「知的障害とは，知的機能，および，多くの日常生活の社会的・実用的なスキルを含む適応行動の双方における，著しい制約として特徴づけられる障害である。この障害は18歳以前に発症する」とされています。ここで，知的機能の制約については，標準化された知能検査で全般的な知能指数（IQ）の値が，平均（100）よりも明らかに低いということで，図8-1の正規分布での2標準偏差分（1標準偏差が15）低い，IQ70～75以下ということになっています。知能検査結果には誤差があるという考え方が現在では採用されているため，境界に幅があります。

しかし，重要なことは，知能検査で測られたIQのみで知的障害かを判断し

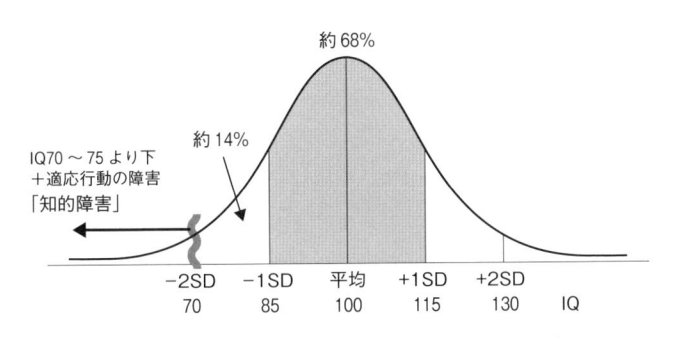

図8-1　知能テストによるIQ（知能指数）の正規分布

てはいけないということです。日常生活での社会的・実用的スキルの面でも困難がみられた時に、知的障害と診断されます。

(3)知的障害児の認知特性

知能検査で測られる能力が通常の人よりも低いということを理解するために、知能検査ではどのような項目が課せられているかを少しみてみましょう。たとえば、子ども用のウェクスラー式個別知能検査 WISC-Ⅳ（ウィスク フォー）（日本版 WISC-Ⅳ刊行委員会，2010）では、言語的な情報の理解と表出（言語理解指標：VCI）、視覚的な情報の分析・統合・推理（知覚推理指標：PRI）、聴覚的な情報の正確な記憶・処理（ワーキングメモリ指標：WMI）、視覚的な情報の正確ですばやい処理（処理速度指標：PSI）に関わる検査項目が利用されています（表8-1）。これらの結果からIQの低さが判断されるわけですから、知的障害の子どもたちは、これらの能力のいずれか、あるいは、いずれも困難が生じていることが考えられます。したがって、言葉による説明だけでは意味が理解できない、作業手順がどうしても覚えられない、といった状況が多くみられるでしょう。しかし実物や絵や写真などを活用する学習、いつでも見ることができる手本をそばにおいての学習など、子ども一人ひとりに合わせた指導法によって、前述した「能力障害」は軽減できる可能性があるのです。また、「できない」状況が続いて学習への動機づけも下がりがちな子どもたちであるため、まずは、子どもたちの好きな物や得意なことを利用した学習を考えることが重要です。

(4)知的障害児の指導法

知的障害児の指導においてよく使われるのは、見本刺激と同じ意味をもつものを比較刺激の中から選んで取る、というスタイルの「見本合せ法（matching to sample）」です。見本刺激とまったく同じ物を選ぶ場合を「同一見本合せ」、形は違うけれども同じ意味をもつ物を選ぶ場合を「恣意的見本合せ」といいます。たとえば、りんごの絵カードと「りんご」という文字カードをマッチングさせるような学習です。この見本刺激や比較刺激を徐々に高度にしていくようにします。たとえば、見本刺激を、「りんご」という音声にしたり、「果物」というようなカテゴリー名にしていきます。

1. 知的障害

表 8-1　日本版 WISC-IV 知能検査の概要

指標	下位検査	検査内容
VCI	類似	共通の概念を持つ2つのことばを口頭で示し，どのように類似しているかを答えさせる。
	単語	絵の課題では問題冊子の絵を提示してその名称を答えさせる。語の課題では単語を読み上げてその意味を答えさせる。
	理解	日常的な問題の解決と社会的なルール等についての質問をして，口頭で答えさせる。
	（知識）	日常的な事柄や場所等，一般的な知識に関する質問をして，それにことばで答えさせる。
	（語の推理）	いくつかのヒントを与えて，それらに共通する概念を答えさせる。
PRI	積木模様	モデルとなる模様（実物またはカード）を提示し，同じ模様を決められた数の積木を用いて作らせる。
	絵の概念	2～3段からなる複数の絵を提示し，共通の特徴のある絵をそれぞれの段から1つずつ選ばせる。
	行列推理	一部分が空欄になっている図版を見せて，その下の5つの選択肢から空欄にあてはまるものを選ばせる。
	（絵の完成）	絵カードを見せ，その絵の中で欠けている重要な部分を，指さしかことばで答えさせる。
WMI	数唱	数字（数系列）を読んで聞かせ，同じ順番，または逆の順番で数字を言わせる。
	語音整列	一連の数とカナを読んで聞かせ，数は昇順に，カナは五十音順に並びかえて言わせる。
	（算数）	算数の問題を口頭で提示し，子どもに暗算で答えさせる。
PSI	符号	幾何図形（符号A）または数字（符号B）と対になっている記号を書き写させる。
	記号探し	刺激記号が記号グループの中にあるかどうかを判断させ，解答欄に○をつけさせる。
	（絵の抹消）	不規則に配置した，あるいは規則的に配置したさまざまな絵の中から動物の絵を探して線を引かせる。

＊本表は，「日本版 WISC-IV 実施・採点マニュアル」の表1.1を改変して作成し，日本文化科学社の許可を得て掲載した。
＊下位検査のうち（　）のものは，補助検査のため，実施しない場合もある。

　知的障害児の指導においてとくに留意しなければならないことは，学んだことを別の場でも活かせる（般化）かどうかという問題です。たとえば，教室で，342円は100円玉3枚と10円玉4枚と1円玉2枚を出せばよいという学習をしたとしても，実際の買い物場面ではできないということが起こります。このような般化のむずかしさに対応するためには，授業の中で実際に外に買い物に

行き，その場で指導したり，それができなくても，教室の中で買い物のシミュレーション場面を設けて，実社会に似ている状況を作ることが，特別支援学校などではなされています。また，手順の覚えられない知的障害児に対しては，無理に覚えさせることが重要なのではなく，手元においておける手順カードを見ながら料理などの作業が実際にできるようにするといったことがめざされます。

2. 自閉症スペクトラム障害

（1）自閉症・アスペルガー障害の定義

1943年にカナー（Kanner, L.）によって11名の自閉症児の症例がはじめて報告されました。自閉症は親子関係に起因する心理的・環境的要因によるものではなく，脳の機能障害によって起こる発達障害です。自閉症は，「3歳ぐらいまでに現れ，①他人との社会的関係の形成の困難さ，②言葉の発達の遅れ，③興味や関心が狭く特定のものにこだわることを特徴とする行動の障害」（文部科学省，2003）とされます。そのうち，全般的知的発達の遅れのない（IQがおおむね70以上）場合を「高機能自閉症」とよんでいます。さらに，このうち，②の言葉の発達の遅れについて，3歳までの言語・認知発達に明らかな全般的な遅れがみられなかった場合はアスペルガー障害とよばれています。

（2）自閉症スペクトラム障害とは

ウィング（Wing, 1996）は，知的発達や言語能力の状態がどのようであっても，自閉的な特徴のある状態は連続しているもので，同じような支援が必要であるとして，自閉性障害もアスペルガー障害も一括して自閉症スペクトラム障害（ASD）とよぶことを提唱しました。この「スペクトラム」という用語には，健常といわれる人と自閉症あるいはアスペルガー障害と診断される人も連続した「自閉的な特徴」の強さの線上にあるという考え方も含まれるといわれています。図8-2のように，知的水準と，自閉的な特徴の強さの2つの軸を用いて，そのどこかにすべての子どもが含まれると考えられるでしょう。知能検査で測られる知的水準は低くなくても，自閉的な特徴が強い高機能自閉症やアスペル

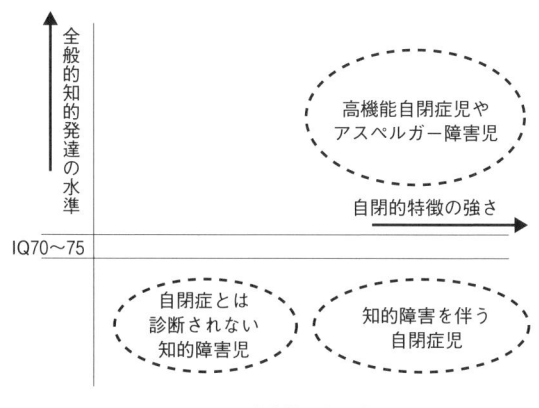

図8-2　連続体の考え方

ガー障害の子どもたちが，集団参加に困難を示す場合もあります。つまり，知的水準も自閉的特徴も，その子らしく生き生きと生活できるかどうかということの一つのカギであるかもしれませんが，むしろ，環境との相互作用に大きなカギが隠されているのでしょう。

(3) 自閉症スペクトラム障害児の認知特性と指導法

　知的障害を伴う自閉症児の場合，言語の理解と表出が困難です。音声による指示の理解だけでなく，表情をよみとったり，相手と共感することが困難なので，「しつけ」がむずかしい場合があります。言語の表出については，無発語の場合でも，意思表示の手段をなるべく多く用意する必要があります。空腹やのどの乾きを満たすための飲食物に関する要求行動は，障害の重い子どもであっても本能的なものであるため育ちやすいとされています。自分の手の届かないところに置いてある物を大人にとらせようとする「クレーン行動」に応じていると子どもは要求行動をしないですんでしまうので，何らかの要求行動（何らかの発声，ちょうだいというサイン，具体物・絵・写真等の指さしなど）があらわれた時にのみ渡すようにするとよいでしょう。最近では，PECS（絵記号や写真のカードを用いて文を作って相手に伝える方式）の利用を特別支援学校全体でとりくんでいるところもあります。こうすればどの先生とも同じ絵記号で対話でき，要求や報告の機会が増えるよさがあります。

一方，高機能自閉症やアスペルガー障害といった，知的レベルの低くない自閉症スペクトラム障害児たちでは，発話もでき，知識も豊富であることがかえってわざわいすることもあります。周囲の状況にそぐわない行動や発言をして，「空気がよめない」などといわれることもありがちです。その原因の一つとして，相手の言葉の意味を辞書にあるとおりにとってしまい，言葉の裏側に隠された話者の意図をくみとること，すなわち「語用論」的な言葉の理解が悪いために，「気が利かない」と誤解されることも多いのです。冗談，皮肉や比喩などもわかりにくく，これらの困難は，自閉症スペクトラムの子どもたちの「想像力の弱さ」という特性に関係しています。そして，本人は，確かに誤ったことはしていないのに叱られたり笑われたりするので気持ちが不安定になり，混乱した状況を自分で解決できずにパニック状態になることもあるのです。

　また，知的障害のあるなしにかかわらず，よく知覚過敏という特性がみられます。たとえば，大きな音，不快な音に弱い，運動会のピストル音がきらいで参加できない，クラスの状態が落ち着かずざわざわしている時に教室にいられないなどです。情動のコントロールの弱さもみられます。たとえば，予期せぬ事態（急なスケジュール変更，急に怒鳴られるが理由がわからない）などに直面した時，自分の気持ちを平静に保つことができず，不安が高くなり，結果として，相手への怒り，攻撃のような形で出ることもあり，本人にとっては自己防衛的な行動なのですが，周囲からは，「キレやすい子ども」などと誤った評価をされがちです。何でも急に伝えるのではなく，理解するまで時間がかかることを念頭において，早めに，おだやかに情報を伝えることが重要です。

3. LD（学習障害）・ADHD（注意欠陥多動性障害）

（1）LDとは

　わが国におけるLDに関する教育的定義は，文部省調査研究協力者会議による最終報告「学習障害児の指導について」（文部省，1999）に示された表8-2の定義が用いられています。

コラム 8・1

自閉症スペクトラム障害の子どもの機能障害とは

　自閉症スペクトラム障害は，脳に何らかの機能障害があると推定されていますが，どうしてそう推定されるのか，さまざまな研究がなされています。その中でここでは，「心の理論障害仮説」と「ミラーニューロン障害仮説」を紹介します。

　「心の理論障害仮説」では，第1章で紹介されている，「サリー・アンの課題」で典型発達の子どもが通過する年齢になっても，自閉症スペクトラム障害の子どもは誤ってしまうというデータから，他人の抱いている信念を理解するシステム（心の理論）に不具合があると考えられています（Frith, 1993）。

　「ミラーニューロン障害仮説」は，最近注目されているものです。新生児の目の前で舌を出して見せると，その赤ちゃんは自分の舌が見えていないのに，同じしぐさをします。これは，他人の動きを見て自分もその動きをしようとする，「他人を映す鏡」の役目をする「ミラーニューロン」という特定のニューロンのためとされています。ラマチャンドランの脳波実験によれば，他人が手を動かしているビデオを見るだけでも，典型発達児では大脳前頭葉の運動指令ニューロンが活性化されたのにもかかわらず，自閉症スペクトラム障害児では活性化されませんでした。しかし，自閉症スペクトラム障害児でも，他人ではなく自分が手を握ったり開いたりすれば，運動指令ニューロンは活性化するのです。つまり，自分が動こうとするための運動指令ニューロンは働くけれども，他人の動きを見てまねをしようとするミラーニューロンは働かないようです。このミラーニューロンと，他者意図理解の困難や共感の困難が関係ある可能性がいわれています（Ramachandran & Oberman, 2006）。

表 8-2　学習障害の定義

　学習障害とは，基本的には全般的な知的発達に遅れはないが，聞く，話す，読む，書く，計算する又は推論する能力のうち特定のものの習得と使用に著しい困難を示す様々な状態を指すものである。
　学習障害は，その原因として，中枢神経系に何らかの機能障害があると推定されるが，視覚障害，聴覚障害，知的障害，情緒障害などの障害や，環境的な要因が直接の原因となるものではない。

Learning disabilities という用語をみると，前述の ICIDH モデルにおける，能力障害（ディスアビリティ）という用語が用いられており，さらにそれが複数形になっていることがわかります。つまり，中枢神経系の機能障害が原因となる，学習におけるさまざまな能力障害という次元で考えています。すなわち，対象児の特性に配慮した指導や，電卓などの補助具の利用により，これら能力障害は改善が可能なのです。そのような意味が，「状態」という言葉に込められているのでしょう。また，「環境的な要因」は直接の原因ではありませんが，この「状態」を良くするのも悪くするのも，環境による影響は大きいのです。たとえば，教師の教え方と子どもの学びやすい方法が一致していない場合，指導の効果が上がらないわけです。

（2）LD 児への支援法

　LD 児は，認知発達にアンバランスさがよくみられます。このような児童には，①課題におけるつまずきを調べ，②心理検査結果から推察される認知特性との関連を考察し，③本児の得意とする学習様式や受け入れやすいタイプの課題提示方法を用いてつまずきを乗り越えるような指導を行うことが重要です。

　LD に限らず，学習困難児の教科学習の支援において最も重要なことは，学習への動機づけ，意欲向上です。「これは自分にとってやりやすい，これならできそうだな，けっこうおもしろいな」といった気持ちを対象児自身がもてなければ効果は望めません。そのためには，前述したような，対象児の認知特性に応じた指導法を探ることが必須なのです。漢字の書字でいえば，たとえば，運動の系列が覚えられない子どもに，漢字を「何度も書いて覚える」という方法はあまりよくありません。たとえばその子どもが，図形を分析・構成する力が高い（表 8-1 の WISC-Ⅳでいえば「積木模様」「行列推理」などがよい）ならば，図 8-3 のように漢字を部品に分解したパズルで遊んでから書くという方法があるでしょう。また，言葉の意味理解がよく，絵の手がかりが有効（WISC-Ⅳでいえば「単語」「絵の概念」などがよい）な LD 児が，市販の教材（受験研究社「自由自在漢字字典」）を参考に教師が作成したカード（図 8-4）を利用し，部品ごとの語呂合わせになっている文を唱えながら書いて覚えることができた事例もあります（東原，2011）。

コラム8・2

「語用論」的な言葉の理解とは

　「語用論」的な言葉の理解とは，与えられた状況から，相手の発話意図を判断する，いわゆる「言外の意味」を理解することです。たとえば，火のないタバコを指に持っている人から「ライター持っていませんか？」と言われたとしましょう。「はい」といってライターを見せるだけなら辞書的な意味としては正しい応対ですが，通常の会話では，その発話意図が「もしライターを持っているなら，貸して欲しい，もしくは火をつけて欲しい」ということだと理解して一歩進んだ行動をとるわけです。

　ある高機能自閉症の男児の事例を紹介します。ある時母親が，その男児の弟の幼児を，男児に預けて台所に行きました。母親は「弟を見ててね」と頼んだところ，その高機能自閉症の子どもがじっと弟を見つめていたのですが，弟がどこかに行ってしまっても何もしなかったそうです。母親は兄を叱りましたが，兄は弟を「見ていた」ことに間違いはないわけで，叱られる理由がわからないのです。このような場合，たとえば，「弟を見てて」と言わずに，「弟と遊んで，弟がどこかに行ってしまいそうになったら，手をつないで一緒に台所まで連れてきて」というように意図を具体的に伝えましょう。しかし同時に，大人になるまでに，少しずつ，「言葉には隠れた意味もある」ということを教えていく必要があります。この子どもたちは単純な暗記は得意とする場合も多いので，状況と言葉の結びつきの例文をそのたび覚えていくことで，類似した状況に出会った時に思い出して応用がきく可能性もあるでしょう。

図 8-3　漢字パズルの例

図 8-4　語呂合わせによる漢字教材

(3) ADHDとは

　注意散漫，多動，衝動的，といった行動特性は，幼少時期においては珍しくありませんが，就学後もこのような行動が続く場合，ADHD（Attention-Deficit/Hyperactivity Disorder：注意欠陥多動性障害）である可能性もあります。ADHDには，①「不注意」（学業や仕事での不注意な過ち・注意持続の困難・話を聞いていないようにみえる態度など）の症状の強い「不注意優勢型」，②「多動性－衝動性」（手足をそわそわと動かす・頻繁な離席・他人の行動や会話の邪魔をすることが多いなど）の症状の強い「多動性－衝動性優勢型」，①と②の症状の両方をあわせもつ「混合型」があります（高橋他，1996）。年齢が上がるにつれて，②の症状が薄れる場合もあります。

　このような ADHD の症状は，バークレー（Barkley, R. A）の「実行機能障害モデル」によって説明されています（白瀧，2000）。このモデルでは，ADHDでは実行機能（過去の出来事を振り返り，反省を活かして目標に合った行為を選択したり，自問自答したり，いくつかの行動を組みあわせるなどのことが含まれる）が形成されないために行動の問題が生じるとしています。これは脳の前頭葉機能障害と関係するといわれています。

(4) ADHDの子どもたちへの支援

　ADHD の子どもたちは，実行機能，すなわち，自らの脳の機能を自ら指揮する機能が困難なわけですから，薬物投与と並行して，「セルフモニタリング」の訓練をする必要があります。計算手続きの途中段階にミスはないか，今は教師の話を聞く時間なのに別のことをしていないか，忘れ物はないかなど，さまざまな分野で，チェックリストを用意して，一つひとつ声に出しながらできたか確かめていきます。まずは大人が言葉で「○○したか」と質問するのを，本人が同じように声に出し（外言），徐々に，つぶやきのような声の大きさにしていき，最終的には，声に出さずに自問自答する（内言）ということになります。小学校3年生ぐらいになると他の児童は黙って自習できますが，ADHD 児はぶつぶつと声に出しながらやっていることもみられます。しかし，これは，まだ内言化できていないからで，黙ると自分の行動が制御できなくなるので，むやみに「黙ってやりなさい」という指示を出さない方がよい場合も多いのです。

コラム8・3

行動観察法の基礎

　たとえば授業中教室を歩き回ってじっとしていない ADHD の子どもが，どのぐらい離席するかを調べる方法には，タイムサンプリングがあります。行動観察法の一種で，行動を短い時間間隔（たとえば 10 秒）で区切り，その時間単位ごと（インターバル記録法），あるいは時間単位の切れ目において（ポイント記録法），特定の行動の生起を記録する方法です。また，このタイムサンプリングでは行動の流れを無視して機械的に時間を区切ってしまいますが，子どもが離席する前後でどのようなことが起こったかも重要な情報です。あらかじめ対象とする行動を決めておき，観察しながらその行動の生起，経過，結果の状況を記録する，イベントサンプリングという記録法も併用するとよいでしょう。「授業時間の何％ぐらい離席しているのか」と同時に，「どんな出来事が起こると離席し，教師のどんな対応で座り，どんな対応だと座らないか」がわかるのです。

　ADHD の子どもたちが学校などで，離席したり，うっかり物を壊したり，黙っていてほしい時に口を開いたりする行動問題を起こしてしまった時，頭ごなしに子どもを叱っても効果はありません。この子どもたちは，前述したように，こうするとどうなるという予想のもとに問題解決的な行動をとることがむずかしいのです。自分ではどうしようもないのに叱られるので，自己評価がどんどん下がってしまい，投げやりな態度をとるなどの二次症状に発展します。今すべきことを，短い言葉や図など明白な手がかりを用いて教えた方がよいでしょう。また，学習すべき課題から注意がそれた時に，「〇〇ちゃん！」という呼名による注意喚起は効果が薄いでしょう。ADHD 児は外からの刺激に引き込まれやすいので，自分の今やっていることが魅力的でなければ，簡単に注意がそれてしまいます。机の上には物をあまり置かないなど気が散らないように環境を整え，うまく課題にのることができている時に機を逃さず大人が賞賛し，楽しい活動にしていくことが重要です。

■発展学習■

1. 復習しよう

(1) 知的障害児の指導をするうえで重要な点はどのようなことですか。

(2) 小学校通常学級にいる自閉症スペクトラム障害児が遭遇しがちな困難はどのようなことですか。

(3) LD児など通常学級にいる学習困難児の教科指導において，重要な点はどのようなことですか。

2. 考えてみよう

(1) ふだんは特別支援学級で学習している知的障害児と，通常学級の児童（どちらも小学校5年生）が，一緒に総合的な学習の時間に地域の名産品や観光地を紹介しようという学習をし，発表会をすることになりました。このような交流教育場面において，どのようなことに注意して指導したらよいでしょうか。

(2) 自閉傾向のある幼児が，幼稚園で，運動会の練習が始まったとたんに欠席するようになりました。どのようなことが原因と考えられますか。

(3) 図8-4のように，部品ごとの語呂合わせになっている文と，それをあらわす絵をつけた漢字カードを1つ作ってみましょう。

3. 調べてみよう

(1) 学童期によく使われる個別知能テストには，田中ビネー式検査とウェクスラー式検査がありますが，その2つの検査はIQの出し方が違います。どのように異なるのでしょう。

(2) 自閉症スペクトラム障害児は，比喩や冗談など，辞書的な意味ではないところまで話者の意図を理解することがむずかしいといわれますが，たとえば「目からうろこ」のような，比喩を用いた言い回しを5個程度書き出しましょう。

(3) 世界的に有名な発明家や芸術家の中に，発達障害やそれに似た特性があるかも知れないといわれた人がいろいろいます。たとえば，エジソン，アインシュタイン，ディズニー。それらの人々が，どのような不思議さがあり，どのようなすばらしさがあったか，本やインターネットで調べてみましょう。

引用文献

Frith, U. (1993). Autism. *Scientific American*, **268** (6), 108-114.（鈴木圭子（訳）(2007). 自閉症とは何か　別冊日経サイエンス「脳から見た心の世界」part3　pp.23-32.）

東原文子 (2011). 発達障害児の理解と保育・教育　聖徳大学特別支援教育研究室（編）一人ひとりのニーズに応える保育と教育―みんなで進める特別支援―　聖徳大学出版会　pp.117-148.

文部科学省 (2002). 通常の学級に在籍する特別な教育支援を必要とする児童生徒に関する全国実態調査

文部科学省 (2003). 今後の特別支援教育の在り方について（最終報告）

文部科学省 (2012). 通常の学級に在籍する発達障害の可能性のある特別な教育的支援を必要とする児童生徒に関する調査結果について

文部省 (1999). 学習障害児に対する指導について（報告）

日本版WISC-Ⅳ刊行委員会 (2010). 日本版WISC-Ⅳ知能検査実施・採点マニュアル　日本文化科学社

Ramachandran, V. S., & Oberman, L. M. (2006). Broken mirrors: A theory of autism. *Scientific American*, **295** (5), 62-69.（佐藤弥・十一元三（訳）(2007) 自閉症の原因に迫る　別冊日経サイエンス「脳から見た心の世界」part3　pp.14-22.）

白瀧貞昭 (2000). ADHDの精神療法的アプローチ　精神療法, **26** (3), 22-28.

高橋三郎・大野裕・染矢俊幸（訳）(1996). DSM-Ⅳ精神疾患の診断・統計マニュアル　医学書院

Wing, L. (1996). *The autistic spectrum: A guide for parents and professionals.* London: Constable.

参考文献

藤田和弘（監修）　熊谷恵子・青山真二（編著）(2000). 長所活用型指導で子どもが変わるPart2　国語・算数・遊び・日常生活のつまずきの指導　図書文化

茂木俊彦（監修）・上野一彦（編）(1998). 障害を知る本⑧ LD（学習障害）の子どもたち　大月書店

中澤潤・大野木裕明・南博文（編著）(1997). 心理学マニュアル　観察法　北大路書房

聖徳大学特別支援教育研究室（編）(2011). 一人ひとりのニーズに応える保育と教育―みんなで進める特別支援―　聖徳大学出版会

上野一彦・花熊曉（編）(2006). 軽度発達障害の教育―LD・ADHD・高機能PDD等への特別支援―　日本文化科学社

第 9 章

子どもから大人へ

1. 思春期の 4 つの大きな変化

　青年期は，大まかには 10 歳代から 20 歳代半ばごろまでをいいます。思春期の大きな変化を経て，子どもから大人へと成長し，移行していく時期です。

　この時期には，4 つの大きな変化が訪れます。1 つは生物学的な移行，子どもの身体から大人の身体への変化です。青年期の始まりは，この体の変化の影響をさまざまに受ける時です。2 つ目は認知的移行，抽象的に考えられるようになり，「自己」に意識的になるという変化を経験します。残る 2 つは，情緒的移行，自分についての見方・自己概念がはっきりしてくるということと，社会的な移行，それまでの家族と近隣の人に囲まれた生活からより広く大きな集団に出会い仲間と過ごすようになるという 2 つの変化です。青年期は，こうした大きな変化を経験する時期で，大人としての安定を得るまでの準備の時期といえます。

(1) 身体発達の影響

　青年期の身体発達は，第二次性徴の発現によって特徴づけられています。具体的には，男子で変声，体毛の発毛，筋肉質の体格，女子で乳房の発達，体毛の発毛，骨盤臀部の発達，皮下脂肪の沈着などがあげられます。

　この時期には，思春期の発育スパートとよばれる現象があります。思春期前後の子どもの身長や体重が急激に増大する現象です。これを青年期の始まりの身体的指標とみなすこともあります。目に見える身長や体重だけでなく，内臓や内外の生殖器，また腰幅，肩幅のようなさまざまな身体の部分にこのスパートがみられます（図 9-1 参照）。

現在日本の女子の身長のスパートは，10歳前後，男子身長で12歳前後にみられます。このため9歳から12歳にかけて女子の平均身長が男子を上回りますが，13歳から14歳にかけて男子の平均身長が女子を再び抜いていきます（図9-2参照）。

この第二次性徴があらわれる時期は個人差が大きく，それが早いと早熟とい

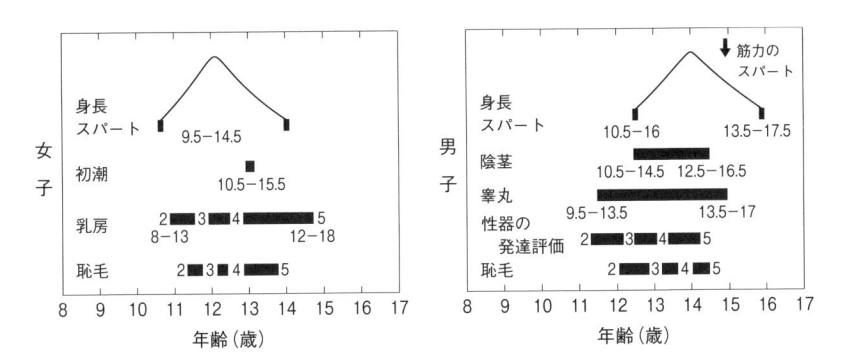

図 9-1　平均的女子・男子における思春期の身体的変化（Tanner, 1978）
図中の数値は発達の度合い（数値が大きいほど発達が進んでいる）を示す。

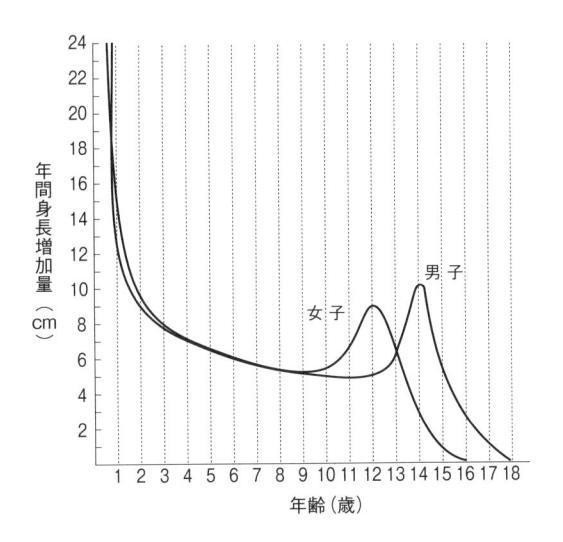

図 9-2　男子と女子の身長の典型的な発育速度曲線（Tanner, 1966）
これらの曲線は各時点の典型的な男子と女子の速度を示す。

い，遅いと晩熟といいます。このような個人差が，青年個人にどのような影響を及ぼしているか，早熟・晩熟の比較研究がされています。①晩熟型は劣等感をもちやすい，②早熟型は攻撃衝動が強い，③早熟型は自我葛藤の抵抗力が弱い，④早熟型は成人社会への思考が強い，⑤早熟型は性行動の開始が早いなどの知見がありますが，身体的発達の影響については必ずしも意見は一致していません。ただ，早熟型は思春期が早く来るため，児童期（潜在期）の短縮につながります。心理的適応という視点からみれば，潜在期が短縮されるため早熟型が不利と考えられます。これまで早熟・晩熟の心理・社会面への影響についての研究が多かったのですが，反対に生物学的な早熟・晩熟現象に心理・社会的要因がどのように影響しているかというところに注目した研究もなされています。父親の長期不在，家庭の不和といった生後の家庭内のストレスが男女の早熟傾向と関連があり，さらにそれが青年期の発達に影響し，早熟が活発な性行動に相関していくという報告もあります。こうしたことから，早熟・晩熟を単純な因果関係だけではなく，生態学的視点や生涯発達の枠組みの中で考えていく必要があると考えられています。

（2）発達加速現象

過去約100年の間に人間の成長・成熟に関して，1つの時代的傾向が明らかにされています。近代の高度産業社会の成立にともなって，世代が新たになるにつれて人間のさまざまな発達速度が推進されているという事実があります。これを発達加速現象といいます。発達加速現象は，発達速度，発達水準の差を異なる世代間の相違として把握する年間加速現象と，発達速度，発達水準の差を同世代間の集団差，地域差として把握する発達勾配現象という2つの観点からとらえられます（図9-3，図9-4参照）。

（3）認知の発達

青年期はピアジェ（Piaget, 1964）のいう形式的操作期にあたります。その前の児童期は具体的操作期といい，思考はまだ事物の具体性に影響されます。つまり，具体的な内容の課題なら理解できますが，内容が抽象的になってくると理解がむずかしくなるのです。たとえば時間や距離の量の概念は理解できても，

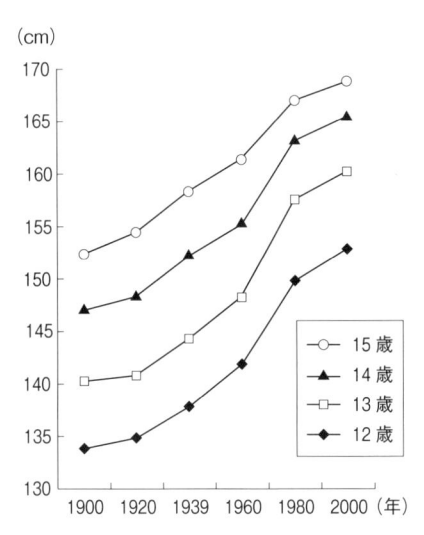

1. 思春期の4つの大きな変化　137

図 9-3　男子の平均身長の時代的推移
（文部科学省，2007）

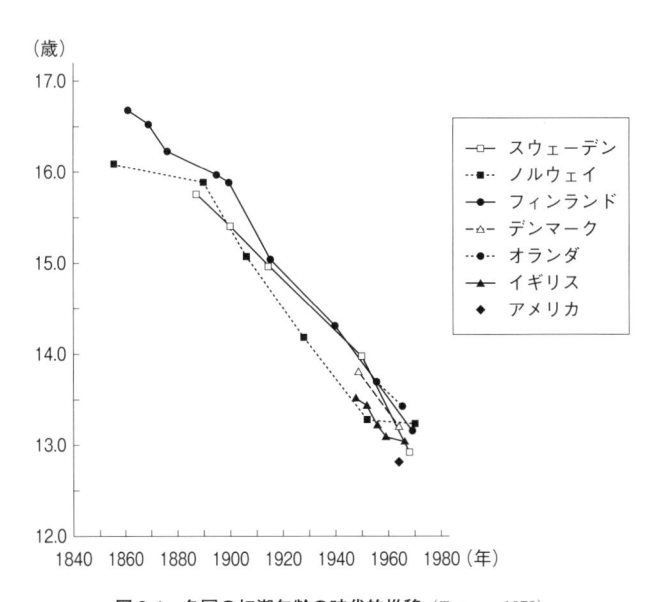

図 9-4　各国の初潮年齢の時代的推移（Tanner, 1978）

速度(距離÷時間)や濃度(溶質量÷全体量)の概念は理解しにくいのです。

　ピアジェは，形式的操作期になると操作的思考が完成するとしています。しかし，この段階に到達することについては個人差があり，青年期は認知的能力の個人差が拡大していく時期でもあります。青年期は批判的思考力や合理主義的態度などの認知的能力が著しく発達する時期ですが，それは無条件に発達するものではなく，教育によるところが大きいのです。

2. アイデンティティ（identity）

　青年期は，それまでの親や家族によって支えられた存在から，「個」としての自己に気づき，個としての自己を確立していく時です。個としての自分を確立する過程は，自分自身を見つめ，他の誰とも違う自分に気づき，自分という存在を自分で再構成する過程でもあります。

(1) 自己とは

　自己概念とは，人が，自分についてもっているさまざまな概念，たとえば身体的特徴や性格，自分の属している社会や文化によって育てられた特性や価値観，その中で得た役割や習得してきた技能など，「自分」を構成するものとして自覚されている概念の全体をいいます。

　さまざまな役割を試す経験などをとおして，青年は自己を探求しアイデンティティの形成のための手がかりを探し求めていきます。さまざまな人やものごとに出会いかかわりながら，アイデンティティ探求をするのが，後で述べるモラトリアムの期間です。モラトリアムの期間に，青年はさまざまなものごとや人にかかわるなかで，自尊心や自己評価が揺さぶられる経験をすることになります。それは，この期間に過去に経験した感情や体験に照らしながら，目標や願望として描かれている未来の自分の可能性を予測し，今の自己についての認識を見直したり付け加えたりしながら，より統合的な自己概念を形成する時期であるといえます。

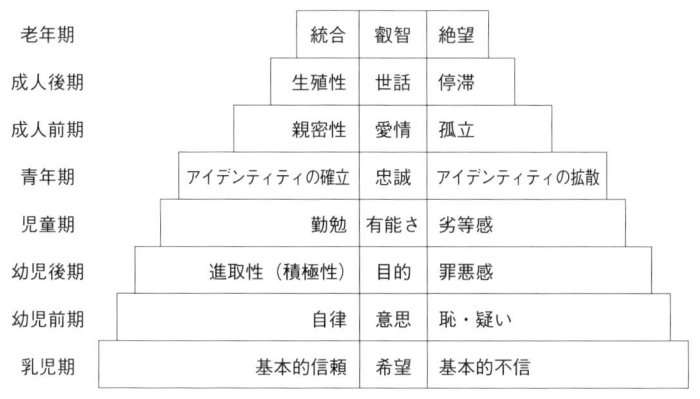

2. アイデンティティ（identity）

ライフステージ	肯定的	基本的強さ	否定的
老年期	統合	叡智	絶望
成人後期	生殖性	世話	停滞
成人前期	親密性	愛情	孤立
青年期	アイデンティティの確立	忠誠	アイデンティティの拡散
児童期	勤勉	有能さ	劣等感
幼児後期	進取性（積極性）	目的	罪悪感
幼児前期	自律	意思	恥・疑い
乳児期	基本的信頼	希望	基本的不信

図9-5　エリクソンの心理・社会的発達段階図（無藤，2003より改変）

（2）エリクソンの自我発達論

エリクソン（Erikson, 1963）の心理・社会的発達論は，人間生涯全体に発展させたもので，青年期以後の成人初期，中年期，老年期ごとのライフステージにも，内的成熟や危機，心理・社会的な課題が存在するとしました。

エリクソンは，人間生涯を8つの段階に区分し，それぞれのライフステージに固有の心理・社会的課題と危機が存在することを示しています（図9-5）。

（3）自我同一性（アイデンティティ）

自我同一性（アイデンティティ）とは，エリクソンが人生を8段階に分けた5番目の段階である青年期の発達課題です。

エリクソンは，「アイデンティティの感覚」について「内的不変性（sameness）」と「連続性（continuity）を維持する各個人の能力（心理学的意味での自我）が他者に対する自己の意味の不変性と連続性とに合致する経験から生まれた自信」であると説明しています。言い換えると，「私は他の誰とも違うたった一人の自分自身である」という不変性の感覚と「今までの私も，今の私も，これからの私も，ずっと私であり続ける」という連続性の感覚をもった自分が，社会の中で認められた地位，役割，職業，身分などの「〜としての自分」と一致しているということです。エリクソンは，アイデンティティを選び

取ることが，青年期の重要な主題であると述べています。

また，アイデンティティを選び取る意思決定の期間に生じる迷いや悩みを危機（crisis）といい，この危機を乗り越えてアイデンティティを選び取ることができた状態を達成（achievement）といい，まとまらず「本当に自分のしたいことが分からない」状態を拡散（diffusion）とよんでいます。

（4）アイデンティティ・ステイタス

マーシャ（Marcia, 1976）は，エリクソンのアイデンティティの概念から，アイデンティティ・ステイタス（自我同一性地位）としてアイデンティティの確立に至る様相を4つに分けて説明しています（図9-6参照）。

アイデンティティを確立しようとする行動の一つを「探求（危機）」といい，「自分なりの関与を確立しようとして意味のあるいくつかの選択肢を探求すること」としました。もう一つを「積極的関与」といい，「自分の目標や価値観・信念において安定した傾向で何らかの行動や活動になってあらわれるもの」としました。探求（危機）と積極的関与の組みあわせから，アイデンティティ・ステイタスを決定したのです。

職業や思想など人生における重要な決定に至るまでに，選択しようとしている職業や思想についての価値づけを行ったり，決定した後に高い評価をしたりするといった行動や活動が行われます。これが積極的関与です。積極的関与によって，「これが自分である」という感覚が安定します。

3. 青年をとりまく環境の変化

（1）人間関係の変化

自己認識を深めることは，自分をとりまく人間関係についても，新たに得たあるいは得つつある自分の目で見直すことにもつながります。他と違う自分であるという感覚を得たことが，個をとりまく人間関係にもさまざまな影響を及ぼすことになります。自己の確立と人間関係の変化は深く結びついて，この時期の発達を特徴づけるものとなります。

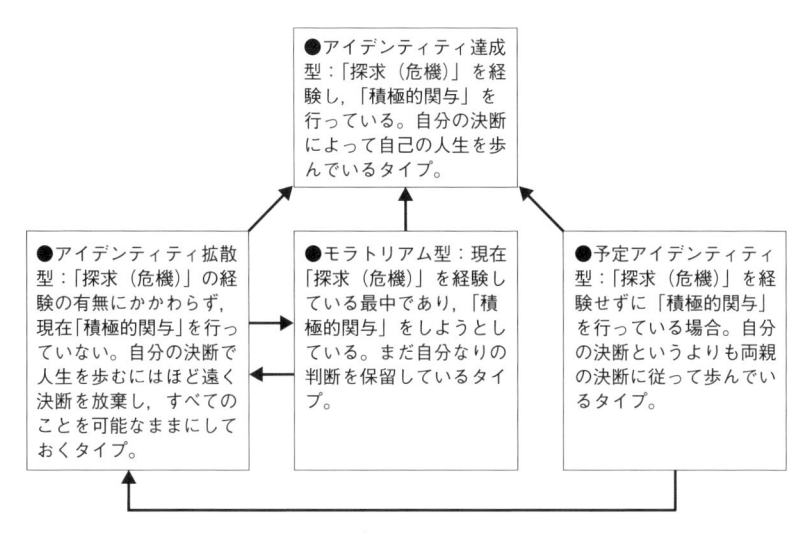

●アイデンティティ達成型：「探求（危機）」を経験し，「積極的関与」を行っている。自分の決断によって自己の人生を歩んでいるタイプ。

●アイデンティティ拡散型：「探求（危機）」の経験の有無にかかわらず，現在「積極的関与」を行っていない。自分の決断で人生を歩むにはほど遠く決断を放棄し，すべてのことを可能なままにしておくタイプ。

●モラトリアム型：現在「探求（危機）」を経験している最中であり，「積極的関与」をしようとしている。まだ自分なりの判断を保留しているタイプ。

●予定アイデンティティ型：「探求（危機）」を経験せずに「積極的関与」を行っている場合。自分の決断というよりも両親の決断に従って歩んでいるタイプ。

図9-6　アイデンティティ・ステイタス

1）親子関係の発達的変化

　この時期の家族からの自立について，ホリングワース（Hollingworth, 1928）は，「心理的離乳」と言っています。青年は，身体的発達や自己概念の形成などによって一人の人としての自分という感覚を得て，それまでの親子が一体であった子ども時代に別れを告げて独立した個人として親との関係を築きなおそうとします。しかし，まだ心理的に成熟していないため，密接であった親から独立していこうとすること自体に不安が高まります。つまり，心理的離乳の時期は，情緒的な混乱の時期でもあるのです。

　心理的離乳に似ている概念として，オースベル（Ausubel, 1954）のいった「脱衛星化」があります。子ども時代の親に従属する関係から，親の服従下にある地位を捨てて自分の意思で決定し独自の地位や役割を得ようとすることをさします。また，ブロス（Blos, 1967）は「第二の個体化」といっています。

　いずれにしても，青年期は，親から心理的な独立をしようとする時期であることをあらわしており，言い換えると親からの心理的な独立を果たして自立していく時期といえます。

こうした青年の親からの心理的な独立に従って，親子関係は，青年期の入り口である思春期から職業選択をして経済的自立を果たす段階までさまざまな様相をあらわし，親子のそれぞれに危機をもたらします。青年にとって，親からの心理的な独立に始まり経済的な自立に至ることは，この時期の重要な課題です。一方，親の側は，子の自立に向けた活動や過程を受け入れながら，親自身の中年期の危機に対処していかなくてはならないという課題に直面しているのです。

この過程は，親子が向き合い危機を乗り越えようとするなかで，互いに理解を深めるとともに支えあう関係であるという認識を受け入れていく過程です。

親と子の関係は，生涯続く人間関係ですが，青年の自立の過程の中で大きく変化します。親が子を養育する「大人と子どもの関係」から，親も子も互いに「大人として認め合う関係」へと移行していくのです。

2）重要な他者

サリヴァン（Sullivan, 1953）は，子どもの感情移入の対象としての重要な人物の意味を明らかにしました。子どもは重要なある大人との関係の中で，その人の期待や感情をとりこみ，その人の承認・不承認を経験することをとおして，社会化されていきます。重要な他者は，子どもの自我形成に大きな影響を及ぼす人物のことで，かつては両親，兄弟姉妹，祖父母，教師，友人などとされてきましたが，時代とともに変化しています。

核家族化のなかにあって兄弟姉妹や祖父母とのかかわりが少なくなり，家族の中での重要な他者としての役割が得にくくなっています。また，教師は学校教育の問題の深刻化のなかで信頼関係が構築できない状況があり，重要な他者としての地位は不確実なものとなっています。それでも，思春期や青年期中期の教師との出会いによって生き方に影響を受けることは今でも存在し，教師が重要な他者としての役割を果たすことも事実です。

青年期に入ると，生活空間が広がり，家庭外の人物が重要な他者としての役割を果たすようになります。とくに青年期には，友人は重要な他者としての意味が大きくなります。思春期・青年期中期においては，それまで依存していた親子関係から自立する不安を共有し，アイデンティティの確立過程における

さまざまな悩みを分かちあい，ともに将来の目標や進路選択について話しあい，社会とのかかわりを検討する関係として，友人は，青年に大きな影響を及ぼす重要な他者であるといえます。

青年期の重要な他者として，異性の友人（恋人を含む）との関係があげられます。異性の友人との関係は，青年の性役割の習得や自我拡大に大きな影響を及ぼします。異性の友人は，尊敬の対象であったり，生き方を学んだり，評価が気になったりと，多様な意味をもつ存在です。青年期後期になると，職場の先輩や同僚などが重要な他者として登場します。

特定の重要な他者との間で独自の親密な関係を築くことは，親密性を経験することでもあります。自立した一人の人として，親密性は対人関係一般において確立すべき課題であるといえます。

3)「親密性」

エリクソンは親密性を「アイデンティティに付随し融合するものである」と定義しています。親密な関係には「個の確立」が内包されているといえます。「個の確立」がないままに親密さを求めると，自分と相手との境界があいまいになり，我を失うような不安や相手に飲みこまれるような不安が生じます。親密な関係は，自分も相手も独自な価値ある存在であるという主体性の確立によって，成り立ちます。そして同時に「委任」という側面もそこには存在します。互いに自分を相手に任せる，委ねることは，「個の確立」があってできることです。互いに「委任」することができなかったら，その関係は非常に不安定なものになります。相手から必要とされることに必死になってしまい，必要とされないのではないかという不安から，相手の行動や感情に振り回されることや，あるいは相手にしがみついて相手の思いどおりに自分が動いたり，逆に自分の思いどおりに相手が動くことを望んだりという，支配されたり支配しようとしたりという関係になります。

(2) 青年文化

児童期と青年期に挟まれた「子どもから大人へ」の移行期である青年期は，子ども文化にも大人文化にも属することのできない一時期ですが，そこでは特

有の文化が形成されます。ケニストン（Keniston, 1971）は「旅で次の難所を乗り切るために，力を蓄えようと一時途中下車する小さな駅のようなもの」としての役割を果たすものだと述べています。子どもの時代と大人の時代との不連続を解消し，一方で世代間の断絶を橋渡しする積極的な機能があるということです。

1）青年文化とは

青年文化（若者文化）とは，青年層に特有の風俗をさします。時に大人社会からの非難を浴びながら青年の間に広まっていくさまざまな新しい美意識や価値のことです。青年文化は，その価値基準は若者世代の内部にあり，既存の（大人社会の）価値基準から離れていたり，対立したりすることもあります。若者が同世代の中に理想の姿を見出し共有していく流れであることから，多くの若者に支持され，その時代の流行となることも少なくありません。

2）青年文化の特性

門脇（1984）は，わが国の青年文化の特性を，内在的特性として3点，表出的特性として5点あげています。

内在的特性としては，①親や教師などの統制や期待からの離脱およびそれらへの反抗，②大人社会では満たせない欲求の充足，③互いにわかりあえる仲間としての一体感の形成の3点があげられています。

表出的特性には，①社会の支配的な価値観や規範とは異なる独自の価値や規範，②若者以外にはわかりにくい言葉や話し方，③大人の目からは奇異に見える服装やファッション，④若者だけに圧倒的支持を受けるヒーローやアイドル，⑤若者だけに流通するメディアやチャンネルの5点があげられています。

これらは，児童期に許容された行動様式では通用しなくなり，一方で成人としての行動様式は未熟な状態であるために，心理的に不安定な青年の，不安定を埋める同世代集団との連帯と相互支持であるとともに，不安定さゆえの暴発を防ぐという機能を果たしてもいます。青年文化は，個々の青年の欲求が満たされることによって，社会秩序の維持を図るという側面ももっているのです。

3) 現代日本の青年文化

　青年文化は，時代の流行を形作っています。それぞれの時代にはそれぞれの流行が存在し，その時代の若者の心情や特性を映し出しています。

　1980年代以降，日本の若者文化はそれまでと異なる様相を示すようになっています。欲しいモノのほとんどを手に入れることが可能になり，長いモラトリアムの時間をやり過ごすことが必要な現代の若者にとっての文化は，自分あるいは自分たちだけでこもるための，私的世界あるいは私的意味空間を作る方向に向かっています。情報機器の進歩と相まって，機器を使いこなすことによって情報を手に入れることが容易になりました。そこで，他者とのかかわりが間接的でありながら広範になるという，言い換えると，身近においては閉塞的で見知らぬ他者に開放的という情報文化が，若者文化の特徴となっています。

　こうした現代の若者文化を特徴づけるツールとして，「ケータイ」があげられます。「ケータイ」は，当初の「携帯電話」という意味を大きく変えて，携帯する情報機器として若者の生活になくてはならないものとなっています。

　ケータイの通信相手のほとんどは日常的に接する機会の多い親しい人物であるという調査結果があります。ケータイを通じて互いの距離感を縮め，孤独感や対人不安を抑制し，心理的な安定を保つのです。また，直接的な人間関係に満足できない若者が，匿名性の高いケータイの情報空間での傷つけあうことのない「やさしい」関係によって，心理的安定を得る場合もあります。

　一方，ケータイの過剰な使用は，「いつも誰かとつながっていないと不安」を感じるという状態をもたらす場合もあります。青年にとって孤独に出会うことは，他の誰とも異なる自分自身を知ると同時に，自分とは異なる人々の思考を認め，自他の理解を深める機会でもあります。しかし，ケータイの過剰な使用は，孤独に向きあう経験を妨げ，社会性の発達に影響を及ぼすことも考えられます。

■発展学習■

1. 復習しよう

(1) 思春期の身体的変化は，どのように起こるのでしょうか。

(2) 青年期の自己の発達課題は，何でしょうか。

(3) 青年期の人間関係の最も大きな変化は誰との関係に生じますか。

2. 考えてみよう

(1) 思春期の子どもを，親や大人はどのように感じているか考えてみましょう。

(2) モラトリアムのポジティブな意味とネガティブな意味を考えましょう。

(3) あなたにとっての「重要な他者」について考えましょう。

3. 調べてみよう

(1) 思春期の変化について，マスメディアにどのように取り上げられているか調べてみましょう。

(2) 青年のケータイの使い方とその意味について調べてみましょう。

(3) 青年期の文化は，アイデンティティの形成にどのようにかかわっているでしょう。

引用文献

Ausubel, D. P. (1954). *Theory and problems of adolescent development.* New York: Grune & Stratton.

Blos, P. (1967). The second individuation process of adolescence. *Psychoanalytic Study of Child*, **22**, 162-186.

Coleman, J. C., & Henry, L. B. (1999). *The nature of adolescence.* New York: Routledge.（白井利明（訳）(2003). 青年期の本質　ミネルヴァ書房）

Erikson, E. H. (1963). *Childhood and society.* New York: W. W. Norton.（仁科弥生（訳）(1977). 幼児期と社会 1, 2　みすず書房）

深谷昌志・門脇厚司 (1984). 青少年文化　テレビ大学講座　放送大学教育振興会

Hollingworth, L. S. (1928). *The psychology of the adolescent.* New York: D. Appleton.

加藤隆勝・高木秀明 (1999). 青年心理学概論　誠信書房

Keniston, K. (1971). *Youth and dissent: The rise of a new opposition.* New York: Harcourt Brace Jovanovich.

久世敏雄・齋藤耕二（監修）　福冨護・二宮克美・高木秀明・大野久・白井利明 (2000). 青年心理学事典　福村出版

Marcia, J. E. (1976). Identity six year after: A follow-up study. *Journal of Youth and Adolescence*, **5**, 145-160.

宮下一博（監修）松島公望・橋本宏信 (2009). ようこそ！青年心理学　ナカニシヤ出版

文部科学省　(2007). 平成18年度学校保健統計調査報告書

無藤隆（編）(2003). 保育・教育ネオシリーズ5　発達の理解と保育の課題　同文書院

Piaget, J. (1964). *Six étude de psychologie.* Genève: Gonthier.（滝沢武久（訳）(1968) 思考の心理学　みすず書房）

Sullivan, H. S. (1953). *The interpersonal theory of psychiatry.* New York: Norton.

Tanner, J. M. (1966). Growth and physique in different populations of mankind. In P. T. Baker, & J. S. Weiner (Eds.), *The biology of human adaptability.* Oxford: Clarendon Press.

Tanner, J. M. (1978). *Foetus into man: Physical growth from conception to maturity.* London: Open Books.（熊谷公明（訳）(1983). 小児発育学—胎児から成熟まで　日本医事出版社）

参考文献

上里一郎（監修）　都筑学（編）(2006). 思春期の自己形成　ゆまに書房

Kroger, J. (2000). *Identity development: Adolescence through adulthood.* Sage.（榎本博明（編訳）(2006). アイデンティティの発達—青年期から成人期—　北大路書房）

文部科学省 (2010). 生徒指導提要　教育図書

渡部真 (2006). 現代青少年の社会学　対話形式で考える37章　世界思想社

第10章

対人関係

1. 対人魅力

(1) 好意をもつ関係の進展

あなたはどんな人に興味をもつでしょうか。自分と似た人ですか，それとも自分とは違った面をもつ人でしょうか。

社会心理学者バーン（Byrne, 1961）は，態度の類似と対人魅力との関係を実験的に行った結果，自分と似た人に魅力を感じるという結果を明らかにしました。しかし，ウィンチ（Winchi, 1959）は，夫婦には欲求の相補性がみられると報告しています。つまり夫婦の一方がやさしいと，相手は厳しくなり，支配は強いと，相手は服従するというのです。違った面をもった夫婦のほうが長く続くと述べています。

社会的に好ましい性格の人は，自分と似ていようがいまいが魅力を感じるという研究もあります（松井，1993）。女性が選んだ魅力ある男性の性格は，第1位が思いやりのある（61.5%），第2位がやさしい（60.2%），第3位が誠実な（59.1%）になっています。男性が選んだ魅力ある女性の性格は，第1位が明朗な（明るい）（63.6%），第2位が清潔な（60.1%），第3位が素直な（54.4%）。男性と女性では好ましい・魅力ある性格は違うことが明らかになっています。この調査は日本人において行われたものですが，アメリカ人に行った魅力ある異性像の調査によると，好意を感じる男性の性格特性は，第1位は静かな・クールな，第2位は清潔な・洗練されたでした。好意を感じる女性の性格特性は，第1位が洗練された・スマートな，第2位はセクシーな・情熱的なであり，日本人とは違った結果になっています。国によって魅力や，好意をもつイメージが違うことがわかります。好意をもつ人との関係性はどのように進展していくの

でしょうか。

　単純接近効果とは，遠く離れている人よりも近くにいる人のほうが親しくなりやすいことです。会いに行くのに，コスト・費用・時間がかからないからです。家が近いということで，二人にしかわからない会話が弾んだり，一緒に帰ったりすることで，親密になれるのでしょう。

　好意の自尊理論とは，自分が落ち込んだり，自信を失っている時に，味方になってくれたり，優しくしてくれたり，好意の気持ちをあらわしてくれた人に強い魅力を感じるものです。

　つり橋の実験は，カナダのノース・バンクーバーの キャピラノ川にかかる橋を利用した実験で，この川の流れは激しくそこにかかっている吊り橋は，不安をかきたてます。ここを渡る女性を同伴していない男性を実験参加者にして実験が行われました。実験参加者が吊り橋を渡っている時に，女性インタビュアーが声をかけ，アンケートに協力してもらいました。調査に協力してくれた実験参加者はインタビューした女性に，性的魅力を感じることが明らかになったのです。吊り橋という危険な橋を渡ることで生じたドキドキ感が，その時に会った女性に性的魅力を感じさせてしまうのです。

　ロミオとジュリエット効果というものがあります。これは，親の妨害がかえって二人の愛を育てるというものです。何か二人に障害があったほうが，好きだという気持ちが強くなるのです。

　また，関係性の発展には，対人魅力の要因が必要です。まず出会いがあり，外見の魅力や社会的評価も関係して「この人は感じがいい」と思うことから始まります。次に単純接近効果で，仕事場が一緒で毎日顔を合わせるとか，家が近いので一緒に帰ることがあり，そばにいる時間が長くなり，だんだん進展してきます。食事の嗜好や趣味が似ている，なんとなく性格も似ている（類似性），しかし親や友だちに反対され妨害（ロミオとジュリエット効果）されたりします。「なぜ私の恋はうまくいかないの」と悲しくなり，そんな時彼（彼女）が優しく励ましてくれます（好意の自尊理論）。すると関係が深化し，この人は，自分にはないものをもっていると感じ，頼れる存在になり（お互いの相補性），この人とずっと一緒にいたい，と進展していくのです。

(2)「好き」と「愛している」

「好き」と「愛している」とは違うのでしょうか。

ルビン（Rubin, 1970）は Like と Love を区別できる尺度を開発しました。コラム 10・2 にその尺度をのせましたので，あなたが今気になる人を思い出して，チェックしてみてください。チェックが多くついたほうが，今のあなたの気になる人への気持ちです。あなたの気になる人は，Like・Love のどちらでしょうか。

Love にはいくつかの形があります。カナダのリー（Lee, 1973）はカナダやイギリスの青年を対象に面接調査や質問紙調査を行い，6つの恋愛の基本類型を明らかにしました。

Mania（狂気的な愛）独占欲が強く，嫉妬，悲哀など激しい感情をともなう。
Eros（美への愛）ロマンティックな考えや行動をとる。相手の外見を重視し強烈な一目ぼれを起こす。
Agape（愛他的な愛）相手の利益だけを考え，相手のために自分を犠牲にする。
Storge（友愛的な愛）穏やかな，友情的な恋愛。
Pragma（実利的な愛）恋愛を地位の上昇などの手段と考えている。
Ludus（遊びの愛）恋愛ゲームととらえ，楽しむことを大切に考える。複数の相手と恋愛できる。

2. 恥ずかしがりや（シャイネス）

シャイネスとは「他者との良好な関係を阻止する対人不安」「他者が存在することによって生じる不快感と抑制」「他者から評価されたり，あるいは評価されることを予想することによって生じる対人不安と対人行動の抑制によって特徴づけられる感情—行動症候群」などといわれています。シャイネスには，人前では常に緊張し，内心は不安でいっぱいなのに，外見上は堂々と振る舞い，周囲からは明るい人物だと思われている人（感覚に悩むグループ）のシャイネスと，人前では堂々とうまく振る舞えない人（行動面に悩むグループ）のそれとがあり，対人不安傾向と対人消極傾向の二つをあらわすものと考えられていま

コラム10・1

この物語の誰に好感をもてますか

登場人物：彼女　彼　彼の親友　山の案内人　山に詳しいおじいさん

　山が好きな彼女は彼と彼の親友と登山をすることにしました。登り始めた時は天候が良かったのですが，頂上に行くに従って天候が悪くなってきました。彼女は彼とはぐれないように必死について行きましたが，途中で霧が濃くなり，彼を見失ってしまいました。近くに山の案内人と山に詳しいおじいさんがおり，彼女はなんとか山小屋に避難することができました。彼女は彼のことがとても気になりましたが，天候が回復しないと外にでることはできませんでした。次の日，天候が回復し彼を探しましたが，見つけることはできませんでした。山に詳しいおじいさんに聞いたところ，山の反対側にも山小屋があることがわかりました。彼女は彼に会いたい一心で，山の案内人に反対側の山小屋まで連れていってほしいとお願いしました。すると山の案内人は「僕にキスしてくれたら，連れて行ってもいい」と条件をもち出しました。彼女は困ってしまいました。自分は彼に会いたいが，山の案内人とキスするのは嫌だったからです。困った彼女は，山に詳しいおじいさんに相談をしました。おじいさんは「私が決めるわけにはいかない。あなたがどうしたいのかを，自分で考えて答えを出せばいい」としか言ってくれませんでした。彼女はどうしても彼に会いたいと思い，苦しんだあげく山の案内人の言うとおりにしました。次の日山の案内人と山を越え反対側の山小屋に向かいました。山小屋の近くに来た時，そこに彼の姿を発見しました。彼女はうれしくて彼のもとに走って駆け寄りました。彼も彼女を心配していたとのことで，二人は手を取り合いました。彼が自分のことをとても心配していたことを聞いて，彼女は苦しくなり，昨日山の案内人とキスをしたことを告白しました。すると彼はとても怒り，浮気をするような君とは付き合いたくないと言い，一人で山を下りてしまいました。彼女は泣きながら，彼の後を追いかけました。すると彼の親友が「二人はやっと会えたのにどうして喧嘩したのかな。僕が彼に事情を話してあげるよ。だから一緒にゆっくり下りよう」と手をつないできました。

（「若い女性と水夫」（柳原，1976）を参考に作成）

　この物語を読んで，5人の登場人物のどの人に好意をもつでしょうか。お隣や前後の友だちで話しをしてみると，どうでしょうか。それぞれ，好意をもつ人は違うのではないでしょうか。対人魅力のポイントは，人によって違っています。人それぞれ好意をもつ人が違うのです。あなたが好意をもった理由はなんでしょうか。

す（菅原，1998）。

　不安とはどんなものでしょう。不安と似たものに恐怖があります。恐怖とは，対象がはっきりしているもので，高所恐怖（高いところが苦手），虫恐怖（虫が嫌い）などです。対象がはっきりしていないのが，不安なのです。不快な刺激や状況にさらされたりその予期によってもたらす情緒です。情緒が不安定になると生理反応として，発汗，震え，頭痛，口渇，めまい，吐き気などが起こったりします。

　対人不安とは，対人場面において，過度の不安，緊張を起こし対人接触がうまくいかない気持ちです。対人不安はいつごろ始まるのでしょうか。人を怖がるのは，生後6ヵ月ころにみられる人見知りです。見なれた母親とそれ以外の人を区別して，見なれない人に対する回避行動です。8ヵ月くらいにはピークを迎えます。ワトソン（Watson, J. B.）は，不安や恐怖といった情緒は生得的なものであり，感情は，環境からの刺激（大きな音，体が倒れる）とそれに対する内部測定可能な反応（脈拍数，発汗，赤面）であるといいました。これは誰でももっているものですが，この反応が対人に過度に起こるのは，思春期の男性に多いといわれています。

（3）子どもの基本的な感情

　恐れは，大きな音，身体の支えを急に失うことによって引き起こされます。
　怒りは，体の動きが制限されることなどによって引き起こされます。
　愛情は，やさしくなでられたり，あやされたりすることによって引き起こされます。
　そのほかの感情は，これらの複合であると考えられています。
　シャイネスにみられる対人不安の芽は，人見知りというかたちで小さいころから始まっています。さてあなたの対人不安傾向について，コラム10・3の質問紙に挑戦してみましょう。自分の得点が求められたら，都内大学生の平均と比較してみると，自分の傾向が少しわかるかもしれません。
　シャイネスは，対人消極性にも関係しています。他の人に対して積極的に行動することができないことは，社会的スキルとも関係があります（菅原，1998）。
　対人消極性とは，自分から人前で話すことが少なく，進んで友だちを作るこ

コラム10・2

あなたの恋心チェック

あなたのそばにいる異性の人を思い出してみてください。
その人のことをあなたはどう思っているでしょうか。
今からチェックしてみましょう。

Liking チェック
- □ 1. ○○さんのような人になりたい
- □ 2. ○○さんと私は似ているところが多い
- □ 3. ○○さんはとてもよい人だ
- □ 4. ○○さんは昔から尊敬されている
- □ 5. クラスの選挙では○○さんを推薦したい

Love チェック
- □ 1. もし○○さんが元気がなかったら真っ先に励ましてあげたい
- □ 2. ○○さんのためなら，どんなことでもしてあげたい
- □ 3. ひとりでいると○○さんに会いたくなる
- □ 4. ○○さんといると顔を見つめてしまう
- □ 5. ○○さんからメールがこないと寂しい

✓が多くついたほうが，あなたのそばにいる人への気持ちです。
さて　あなたの気持ちは Liking Love どちらでしょうか？

とがむずかしくて，友人の数は限定され，人の中心に立つような，クラス委員とか部長を引き受けたりしないことをいいます。

シャイネスについて，女子大学生を対象に質問紙調査を行った研究によると（飯塚，2011），対人消極性が高いと深く親密な友人関係を築けないことや一緒に遊び行く友だちが少ないこと，悩みを相談する友人が少ないことが，大学生の悩みになっていることを明らかにしています。

コラム10・3

あなたの対人不安傾向と対人消極性傾向

あなたの対人不安傾向を測定してみましょう

あなたの考えの一番近いところの数字を○で囲んでください（対人不安傾向）。

	まったくあてはまらない	あまりあてはまらない	どちらともいえない	だいたいあてはまる	よくあてはまる
1. 地位の高い人と話すときは緊張する	1	2	3	4	5
2. 入社の面接を受けるときには緊張する	1	2	3	4	5
3. 先生や目上の人と話さなければならないときは緊張する	1	2	3	4	5
4. よく知らない人に電話をかけるときは緊張する	1	2	3	4	5
5. 魅力的な異性と話すときはたいてい緊張する	1	2	3	4	5
6. 見知らぬ人のなかにいると，たいてい落ち着かない	1	2	3	4	5
7. 人とつきあう中でもっと自分に自信が持てたらと思う	1	2	3	4	5
8. パーティーに出ると，時々不安になったり落ち着かない気分になる	1	2	3	4	5
9. 人とつきあう中で不安になることなどまずない	5	4	3	2	1

（菅原，1998，シャイネス尺度）

○のついている得点を足してみましょう。

都内の大学生272名で行った調査では，男性31.8点（6.32），女性32.3点（5.93）でした。

さて，あなたの不安傾向はいかがでしたか（得点が高いほうが，不安傾向が高いことになります）。

2. 恥ずかしがりや（シャイネス）

あなたの対人消極性傾向を測定してみましょう

あなたの考えの一番近いところの数字を○で囲んでください（対人消極傾向）。

	まったくあてはまらない	あまりあてはまらない	どちらともいえない	だいたいあてはまる	よくあてはまる
1. 自分からすすんで友だちを作るほうではない	1	2	3	4	5
2. どちらかというと無口なほうだ	1	2	3	4	5
3. 自分から人に話しかけることは少ない	1	2	3	4	5
4. 友人の数は多いほうだ	5	4	3	2	1
5. いろいろな人間関係の場に顔をだす	5	4	3	2	1
6. パーティーやコンパなどではほとんど目立たない	1	2	3	4	5
7. 異性の友人とも気軽に話せる	5	4	3	2	1
8. 人の中心に立つような役割は引き受けない	1	2	3	4	5

（菅原，1998，シャイネス尺度）

○のついている得点を足してみましょう。

都内の大学生272名で行った調査では，男性23.2点（6.22），女性22.0点（5.61）でした。

さて，あなたの消極傾向はいかがでしたか（得点が高いほうが，消極傾向が高いことになります）。

人に不安や緊張が高い人でも，消極性を低くすると，友人関係の問題は軽減することが明らかになっています。つまり大学生が友だち作りに不安をもち，なかなか自分から話したり，積極的にできないと，そのことは悩みにつながりますが，自分は友だち作りに不安をもちシャイだと思っていても，友だちに話しかけたり，一緒に遊びに行ったり，悩みを相談する友だちを作ったりすることで，問題がなく大学生活を送れるということになります。シャイでも積極的

であることが大切ということが明らかになりました（図10-1）。

さて，あなたの対人消極性傾向について，コラム10・3の質問紙に挑戦してみましょう。

対人消極的尺度の○をつけた数字を足してください。都内大学生平均と比較してみると，どうでしょうか。自分の傾向が少しわかるかもしれません。

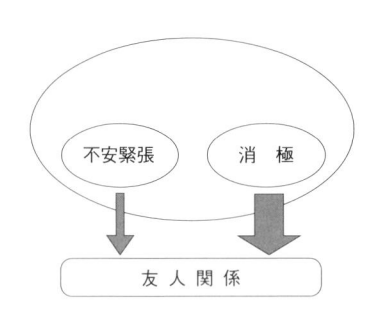

図10-1 シャイネスの構造

友だち関係を消極的に維持しようとしている研究（森田，2008）では，若者の対人関係は希薄化しているのではなく，選択的になっていると報告されています。友だち関係を解消しようと考えた時，今までと同様なコミュニケーションを行っていては，ますます関係がむずかしくなるので，一部を消極的にするのです。しかしまったく交流しないのではなく，部分的なつながりを求めます。解消相手と会う頻度は減らしますが，メールや電話は持続させます。メールは時間的，金銭的なコストが低いため，直接会うことよりも利用されやすいのです。文字やメッセージを使い，自分の気持ちをうまくごまかしながら，相手との距離を保ち，本当の気持ちを隠して，関係を続けていくわけです。友だち関係の消極性にも意味があり，消極的傾向がもし高かったとしても，それは今までの友だちとの経験の中で，自分なりの付き合い方を模索した結果かもしれません。今までの，経験を振り返りながら，シャイネスに至った自分について考えることが，自分の成長につながるように思います。

3. 葛　　藤

葛藤とは，集団間や個人間あるいは一人格内の態度や欲求の間に，相反する傾向が生じ，解決が不可能な状況をいいます（上田，1999）。

（1）対人葛藤

対人葛藤とは，対人関係のもつれ，いざこざ，争いのことで，大迫・高橋

コラム 10・4

1人のランチは恥ずかしい？

人とのかかわりが恥ずかしいとどうなるのでしょうか。

ランチメイト症候群
　おもに学生や若いOLを中心にみられる「症候群」です。精神科医の町沢静夫氏が名づけたもので，2001年の春からマスコミ報道で頻繁にとりあげられるようになりました。1人で食事をすることへの恐れと，食事を1人でするような自分は，人間として価値がないのではないかと不安になります。この症状が悪化すると，不登校や出社拒否など深刻な問題になるといわれています。

食べ友
　友だちがいないと思われるから，1人で昼食をとるのが苦痛……。大学内で一緒に食事をする「食べ友」の不在が大学生を悩ませているとの報告があります。内閣府が2009年，全国の大学生を対象に実施した調査では，平日に昼食を1人で食べる大学生は，37%でした。1人で食べる理由（複数回答）を尋ねたところ「自由に過ごしたい」（56%）と答える一方「誰も誘ってくれない」は（14%）でした。大学図書館の書庫で栄養補助食品を食べたり，歩きながらおにぎりをほお張る大学生の報告もあります。1人で食べているところを知人にみられたくないといいます。その心は「友だちがいない」と思われるのが嫌なのです（日本経済新聞 2010年5月24日の記事より要約）。

友だちがいないとみられることの不安
　辻（2009）は，2008年11月に行った20～44歳の男女1,073人の結果から，どの年齢層でも「1人でいる」ことより，「友だちがいないようにみられる」ことを耐えがたく感じている割合が高く，つまり1人でいること自体よりも，そこに向けられるまなざしのプレッシャーのほうが大きいということを明らかにしています。ほぼ同時期にアメリカで行った調査でも，「友だちがいないようにみられるのは耐えられない」と，同様の傾向が認められました。この結果は，この傾向が日本だけの特徴ではないことを示しています。

(1994) は，「対人的葛藤事態とは，二者関係において両方がある事柄に関して相反する方向や欲求や意見を持ち，それぞれが自己の欲求や意見に従った行動をとろうとすることによって生じる緊張状態である」と述べています。長峰 (1996) は，「単なる二者間の不一致ではなく，一方の側の行為のためにもう一方の側が自分のしたいことをできなくなる状態」といっています。対人葛藤は悪いものなのでしょうか。黒川・古川 (2000) によれば，所属する集団には，意見や考えが異なるメンバーが存在し，そのために集団内には対人葛藤が起こる可能性があります。しかし対人葛藤があることで，問題解決させるために，対人スキルを獲得するようになり，対人葛藤にはポジティブな機能もあるといっています。クラスの中に一人くらいは，自分と意見が合わない友だちがいたのではないでしょうか。そんな時あなたは，どうしていましたか。

(2) 対人葛藤処理方略

人との争いを解決するために，みなさんは何か方法をもっていないでしょうか。そのことを処理方略といいます。対人葛藤処理方略には5つあります。

①協調：穏やかに，辛抱強く，相手を説得する。交換条件や妥協案を出して，相手と交渉する。

②対決：自分の立場を強く主張する。相手を強制して，何かをやらせる。

③回避：対決を避けて，別の機会をさぐる。とりあえず話題を変える（話題切り替え）。とにかくその場を離れる（退避）。

④同調：相手の言いなりになる。我慢して相手に従う。とりあえず謝る。今回はあきらめる（あきらめ）。

⑤相談：第三者にどうしたらいいのか相談してみる。誰かに聞いてもらう。

コラム10・5に例題を示しました。あなただったらどんな方略を使いますか？

(3) モラルジレンマ

ある行為を行っても行わなくても，関係する倫理規範のどれかに反してしまうために起きる道徳的葛藤のことです。セルマン (Selman, 1976) は，コールバーグ (Kohlberg, 1969) にならって，モラルジレンマを含んだ例話をもとに

コラム10・5

あなたの対人葛藤処理方略

例題1：朝，聖子ちゃんからメールが来て，「急に具合が悪くなったので，授業を休みます。そこで今日のノートをコピーさせてほしい」との依頼でした。今日は丁寧にノートをとらないといけないと思って，ノートを書いていたら，隣の席の花子ちゃんが「あれ，今日はいつもより字が丁寧だね」と言ってきました。そこでこのノートを聖子ちゃんに貸すと話したら，花子ちゃんにやめた方がいいと反対されました。花子ちゃんは休みがちな聖子ちゃんのことをよく思っていないのです。

第1問
   あなたは花子ちゃんに行動を妨害されたと思いますか・・・・・・・・　行動妨害意識
   あなたは，花子ちゃんのことをどう思いますか・・・・・・・・・・・・・　親密妨害意識
   あなたが聖子ちゃんにノートを見せたとしたら，花子ちゃんとあなたとの関係はどうなると思いますか・・・・・・・・・・・・・・・・・・・・・・・・・・・　関係安定性認知

調査による結果によると
   同性の場合は，葛藤が大きいことが明らかになっています。つまり，行動を妨害されたと感じ，花子ちゃんがそう言うので，貸したらいいのか・貸さないほうがいいのか，どうしようかと悩みます。聖子ちゃんにノートを貸したことで，花子ちゃんとの関係は悪くなると考えると，ますますどうしたらいいのかわからなくなるのです。

第2問
   あなたならこのような例題の時，さきほどの5つのどの方略を使うと思いますか。

調査による結果によると
   大学生がよく使う方略は
   第1位　協調方略　「人は色々事情があり休むこともあるよ」と自分の気持ちを花子ちゃんにわかってもらえるように説明する。
   第2位　回避方略　「うんそうだね，後で考えるね」と言って話題を変える。
   第3位　対決方略　「自分は聖子ちゃんにノート見せるよ。どうして花子ちゃんはそんなこと言うの，貸すのは私のノートだよ」と主張する。
   第4位　同調方略　「そうだよね　甘やかしだよね」と花子ちゃんに従う。

（深田・山根，2003より）

して，登場人物の視点をどれだけ推論し解決できるかを調べました。

> ＊モラルジレンマ1「ホリーの話」＊
> ホリーが仲間といっしょに家の近くの木に登ろうとして落ちたところを，仕事帰りの父親に見つかり，当分のあいだ木登りをしないことを約束するが，ある日木の上から下りることができなくなった友だちの猫を見つけ，木に登って助けるしかなく，しかし木に登れるのはホリーだけであった。

　この課題の解決方法を考えます。その目的は，何が正しいのかではなく，その行動をした方がいいと思う理由です。自分が木に登ってしまったら，お父さんとの約束を破ってしまう。しかし自分が木に登らなかったら猫が死んでしまうかもしれない。子どもであれば当然葛藤が起こります，その葛藤をどのような理由で乗り越えていくのでしょうか。実はモラルジレンマの例題について，正しい正解は用意されていません。

> ＊モラルジレンマ2「キャッシーの話」＊
> キャッシーが長年の友だちと土曜日の午後遊ぶことを約束していましたが，すぐ後に，転校してきたばかりのジャネットからキャッシーが見たいと思っていたショーに行くことを誘われてしまいます。

　この課題では，すぐ目の前の行動選択を重視するのか，より複雑な長期的な人間関係の問題を重視するかに焦点が当てられています。父親の問題と違って，父親であれば，「謝る」ことで許してもらえるかもしれない。しかし長年の友だちは急なキャンセルを許してくれないかもしれない，また，ジャネットとショーを観に行ったことがわかってしまったら，友情関係にヒビが入ってしまう。この葛藤の解決はよりむずかしいといわれています。
　モラルジレンマの話は多くあり，松田（2011）は，話の内容が，人の人格にかかわる問題である場合とかかわらない問題とでは，脳の活動部位が違うことを明らかにしています。ジレンマが起こると，その内容で脳の活動にも違いがみられるのです。さて，みなさんもモラルジレンマで悩んだことはあるでしょうか。

コラム 10・6

モラルジレンマ（実習用）

あなたはどちらを選びますか？

1. 明後日友だちと遊ぶ約束をしていました。しかし今日の授業で明後日までにレポートを書くように言われてしまいました。さて
　①友だちとの約束を断り，レポートを書く。
　②友だちと遊んでしまい，レポートは簡単に書く，または徹夜して書く。
　③（　　　　　　　　　　　　　　　　　）自由に書いてください
　どちらを選びますか。その理由は，

2. お母さんから大学の帰りに買い物を頼まれ，千円預かりました。急に授業が休講になり，みんなからランチに誘われました。自分の財布はほとんどお金が入っていません。しかし買い物用の千円をもっていました。
　①今日は遠慮しておく，また誘ってねと言い，我慢する。
　②ラッキーと思い，買い物用の千円を使いランチに参加し，後で謝る。
　③（　　　　　　　　　　　　　　　　　）自由に書いてください
　どちらを選びますか。その理由は，

☆モラルジレンマには，正解はありません。あなたがどのように考えているのか，その理由は何かをはっきり言えることが大切です。

■発展学習■

1. 復習しよう

(1) 対人魅力の類似性と相補性について説明しましょう。

(2) 恥ずかしがりや（シャイネス）の対人不安傾向と対人消極性傾向について説明しましょう。

(3) 対人葛藤はどうして起こるのか説明しましょう。

2. 考えてみよう

(1) コラム 10・1 を読んで，誰に一番好感がもてたでしょうか，それはなぜでしょうか，考えてみましょう。

(2) 人との関係で恥ずかしいと思ったことはありますか。それはなぜでしょうか。

(3) モラルジレンマについて，自分が実際に遭遇した例をあげて，自分はどのように解決したのかを考えてみましょう（どんな方略を使ったのでしょうか）。

3. 調べてみよう

(1) 社会的に好ましい性格とは，どんな性格の人をいうのでしょうか，調べてみましょう（年齢や男女の違いなど）。

(2) 恥ずかしかりや（シャイネス）を克服するにはどうしたらいいでしょうか。調べてみましょう。

(3) 葛藤が起きた時の解決方法について調べてみましょう。

引用文献

Byrne, D. (1961). Interpersonal attraction and attitude similarity. *Journal of Abnormal and Social Psychology*, **62**, 713-715.

深田博己・山根弘敬 (2003). 大学生の対人葛藤解決方略に関する研究　広島大学心理学研究, **3**, 31-49.

飯塚美帆 (2011). シャイネスが大学生友人関係に及ぼす影響　奈良女子大卒業論文

Kohlberg, L. (1969). Stage and sequence: The cognitive-developmental approach to socialization. In D. A. Goslin (Ed.), *Handbook of socialization theory and research*. Chicago, IL: Rand McNally. pp.347-480.

黒川光流・古川久敬 (2000). 学級集団における対人葛藤に関する研究の概括と展望　九州大学心理学研究, **1**, 51-66.

Lee, J. A. (1973). *The color of love: An exploration of the ways of loving*. Toronto: New Press.

松田幸久 (2011). 認知科学がみるモラルジレンマ─路面電車ジレンマ (trolley dilemma) をめぐって　高岡法科大学紀要, **22**, 111-128.

松井豊 (1993). 恋ごころの科学　サイエンス社

宮沢秀次・二宮克美・大野木裕明 (編) (1997). 自分でできる心理学　ナカニシヤ出版

森田朱音 (2008). 対人関係の解消に関する研究　九州大学修士論文

長峰伸治 (1996). 青年期の対人的交渉方略に関する研究　名古屋大学教育学部紀要, **43**, 175-186.

日本経済新聞 (2010).「1人ランチほんとは嫌」大学生，求ム食べ友　2010年5月24日朝刊

小野寺敦子 (2009). 手にとるように発達心理学がわかる本　かんき出版

大迫弘江・高橋超 (1994). 対人葛藤事態における対人感情及び葛藤処理方略に及ぼす「甘え」の影響　実験社会心理学研究, **34**, 44-57.

Rubin, Z. (1970). Measurement of romantic love. *Journal of Personality and Social Psychology*, **16**, 265-273.

Selman, R. (1976). Social cognitive understanding. In T. Lickona (Ed.), *Moral development and behavior*. New York: Halt.

菅原健介 (1998). シャイネスにおける対人不安傾向と対人消極性傾向　性格心理学研究, **7**, 22-32.

杉本厚夫 (2011).「かくれんぼ」ができない子どもたち　ミネルヴァ書房

辻大介 (2009). 友だちがいないと見られることの不安　月刊少年育成, **54** (1), 26-31.

上田吉一 (1999). 葛藤　恩田彰・伊藤隆二 (編) 臨床心理学辞典　八千代出版

渡辺弥生 (2001). 思いやりの心を育む教育実践　杉原一昭 (監) 発達臨床心理学の最前線　教育出版

Winchi, R. F. (1959). *Mate-selection: A study of complementary needs*. New York: Harper & Row.

柳原光（1976）．Creative O. D. Ⅰ　プレスタイム

参考文献

新井邦二郎（編）(2000)．図でわかる発達心理学　福村出版
川村一夫（編）(2001)．図でよむ心理学　発達　福村出版
松原達哉（編）(2002)．臨床心理学　ナツメ社
Zimbardo, P. G. (1980). *Essentials of psychology and life* (10th ed.). Glenview, IL: Scott, Foresman.（古畑和孝・平井久（監訳）　現代心理学Ⅰ～Ⅲ　サイエンス社）
高野清純（監）(1997)．図でよむ心理学　生徒指導・教育相談　福村出版

第11章

悩み・病理

1. パーソナリティ

　人は似たような場面や状況では同じように振る舞います。同窓会で10年ぶりに会ってもあの人は変わってないと思うことがあります。逆によくみると変わったところが目につくこともあります。人には成長発達とともに変化する部分と変化しない部分があり，あまり変化しない特徴を性格とし，全体的な"その人らしさ"をパーソナリティと心理学ではいい，次の三つの観点から表現します。

　①「あの人はどんな人か？」と聴かれると「あの人は肉食系」と表現します。
　②「どんなとこが好きなの？」と聴かれると「優しいとこ」と答えます。
　③「どうしてあの人はあんなことで怒ってるのか？」と言われれば，「あの人はあそこがコンプレックスなの」と答えます。

　①の表現方法は人や自分を何らかのタイプに分けて表現する類型論的，②はその人の特徴をとりあげてその人らしさを表現する特性論的とらえ方です。③はその行動の原因やその過程をとらえる観点が力動的パーソナリティ論です。このようにパーソナリティのとらえ方には3種類があります。ここでは①と③を述べます。

(1) 類型的パーソナリティ論

　人のタイプ分けは，以前は血液型と性格が流行しましたが，近頃は肉食系・草食系でしょうか。ユング（Jung, 1966）やクレッチマー（Kretschmer, 1928）の類型論が有名です。ユングは心的エネルギーが自分の外側に向かうタイプを外向型，内側に向かうタイプを内向型に分けました。クレッチマーは内閉性気

表 11-1 クレッチマーの気質と性格特性

内閉性気質	過敏 ↑↓ 鈍感	過敏	敏感,感じやすい,冷淡,恥ずかしがりや,傷つきやすい,臆病,辛らつ,自然や書物に親しむ
		鈍感	従順,気立てが良い,正直,落ち着き,無関心,
同調性気質	軽躁 ↑↓ 抑うつ	軽躁	明朗闊達,ユーモアがある,調子が良い,激しやすい,善良,楽観的気分
		抑うつ	寡黙,平静,気が弱い,閉じこもりがち,悲観的気分
粘着性気質	粘着 ↑↓ 爆発	粘着	融通性がない,熱中性,徹底性,視野が狭い,几帳面
		爆発	怒りっぽい,興奮性

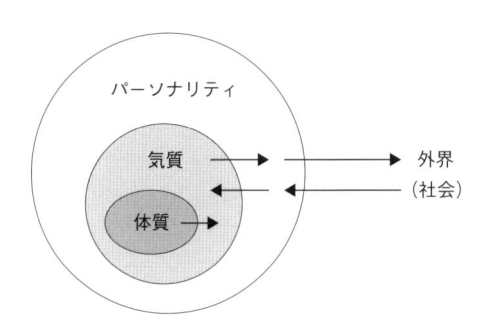

図 11-1 体質,気質,パーソナリティの関係

(注)体質は遺伝などの身体的要因により規定され,気質は体質により規定されます。パーソナリティは気質をベースにして環境との相互作用(矢印)により形成されます。

質,同調性気質,粘着性気質に分類しました(図 11-1, 表 11-1)。

①内閉性気質の特徴は過敏と鈍感が共在することです(表 11-1 参照)。基本的特徴として非社交的,静か,真面目,ユーモアを解さない,変人,一人でも寂しがらない人,超然として自分のペースでことを進める,などです。

②同調性気質の特徴は軽躁と抑うつが周期的に生ずることです。基本的特徴

は社交的で調子の良い悪いが比較的はっきりしています。この人が一緒だと場が盛り上がり活発になるし，リーダーシップが取れる人です。

③粘着性気質の特徴は粘着性と爆発傾向です。情緒はきわめて安定していますが，時に我を忘れた状態で爆発します。ユーモアを解さない，趣味がなく，面白みのない人ですが周囲から信頼されています。

(2) 環境により変化する特性

私たちは気質のままで生きているわけではありません。社会や人とかかわりをもつことにより役割行動を取得し社会化します。この過程で環境からさまざまな影響を受けて変化する特徴が神経質傾向，内向性傾向とヒステリー傾向です（表11-2）。

①神経質傾向は神経過敏性格ともいわれます。

②内向性傾向として，その他の特徴として自分を責める（自責感）ことが多く，慣れると態度が大きくなる内弁慶の人もここに入ります。

③ヒステリー傾向は自己顕示性格ともいわれます。基本的には幼児の特徴を多くもつ性格です。かっこいいところを見せたがります（顕示性）。好き嫌いがはっきりしていて，被暗示性が高く，子どもっぽいのです。

パーソナリティは，気質を核として，経験により学習した3つの傾向が複雑に絡みあって形成されています。

(3) 力動的パーソナリティ論

フロイト（Freud, 1940）は，超自我，自我，エスの3層からパーソナリティは構成されている，としました。

パーソナリティの中心になるのは自我で「私」として意識されます。自我は外界の状況を調べ（現実検討），欲求の表出が可能と判断されれば，欲求の充足に向けて行動を遂行します。外界とエスを仲介し社会に向けて行動を起こすのが自我の役割です（表11-3参照）。

超自我は，幼少期において両親のしつけにより社会のルールが内在化された領域です。「良心の禁止」として「〜してはならない」，また「理想の追求」（自我理想）として「〜であるべきだ」として自我に圧力を加え，自我がエスの言

表 11-2　環境により変化する性格特性

神経質傾向	光や音，環境の変化に敏感，確認癖がある，不潔なものが気になる，身体の健康を気にする
内向性傾向	劣等感，自己不確実感をもちやすい，人の顔色を気にする，自信がない，友人関係で悩みやすい
ヒステリー傾向	自己中心的，わがまま，勝ち気，依存的，気分の変化が多い

表 11-3　フロイトによるパーソナリティ構造と各機能

超自我 自我理想 （意識できる部分とできない部分がある）	両親の躾けにより内在化され，道徳・良心・自我理想となる（自我に圧力をかける）
	「〜てはならない」「〜であれ」「〜しなくてはならない」「あなたは〜すべきだ（〜すべきでない）」
自我 （「私」として意識）	外界との接触によりエスの一部が変化したもので外界との媒介機能を果たす（行動を起こす）
	「では〜しよう」　→　現実に合った行動を起こす 「私は〜するつもりだ」「〜するつもりはない」
エス （まったく意識できない）	身体組織から発生する本能的欲求の無意識的表現
	「〜したい」「〜がほしい」　（リビドーとなって自我に圧力をかける）

いなりになることを防ぎます。

　自我理想は自分が作り上げた理想的な"自分"です。「こうなれたらいいな」とか「こういう自分になろう」などのように，自分の理想像です。また"自分の理想"だけではなく，両親，友人，恋人など，社会や結婚生活などにも理想像が作られます。理想像ですので現実の親や恋人とは異なります。

　エスは，無意識的なものの代表で，抑圧された記憶・情緒（不安や敵意も含まれます）と本能エネルギー（欲求の塊であるリビドー）の貯蔵庫です。リビドーは「〜したい」「〜がほしい」となって，欲求を充足させる，また怒りを発散させるように自我に圧力を加えます。

　子どものころは「お父さんに叱られるから僕はやらない」といって欲求の充足を断念しますが，しだいに「お父さん」がいなくても自分で我慢・中止できるようになります。これが内在化です。発達が進むと内在化されたルールにより行動をコントロールできるようになるのです。

2. 悩みの種類・しくみ

(1) 悩みの発生・しくみ

1) 悩みの発生

　欲求が発生すると欲求の対象に向けて欲求を充たそうと行動します。欲求が充たされれば満足感が生じますが，障害物により欲求が充たされないと欲求不満になります。この欲求不満を解決しようとして解決行動を起こしますが解決に結びつかないと「悩む」状態が発生します。また，いずれか1つを選択しなければならない時（葛藤事態），どちらを選んでよいかの悩みが生じます。

2) 欲求充足行動と障害物

　障害物は，自身の外側（外部）にある障害と自身の内側（内部）にある障害に分けられます。外部の障害は，お金がないから買えない，電車が止まっているので行けない，など現実世界で充足行動が制約される（自分の思いどおりにいかない）状況です（図11-2参照）。

　内部の障害は超自我・自我理想です。これらは「良心」とか「道徳律」「理想像」となって欲求の充足や感情の自由な表出や充足を妨げます（図11-3）。

　自我理想が強いと他者に対しては期待したとおり（理想像）にやってくれないとの不満・悩みが生じます。また逆に相手の望むように自分が振る舞えなかったり，やさしくできない時にも悩みます。この種の対人関係の悩みは自我理想と現実像との不一致から生ずるものです。判断基準が自我理想となっていて現実像を否定することから生じます。自分自身に対しては体型がよくない，顔が好みじゃない，となって現実の自分を受け入れられません。自己評価が低い人，自分を否定する人，劣等感の強い人は概して厳格な自我理想を形成していて現実像を否定してしまい，結果として「私」が強く悩むことになります。

3) 欲求不満状態

　欲求の充足行動が障害のため阻止され欲求が充足されず解決に失敗すると，落ち着きのなさ，いらだち，当り散らし，注意散漫，集中・持続性のなさ，食欲低下あるいは増加，睡眠障害などの欲求不満状態が生じます。この状態に陥

2. 悩みの種類・しくみ

人（欲求） ——欲求充足行動→ 障害物 対象（誘因）
（例：食欲） （食べ物）

注：欲求の充足が阻止された時，最初は軽度の欲求不満状態が生じ，次いで解決行動が起こされます。

図 11-2　欲求充足行動と障害

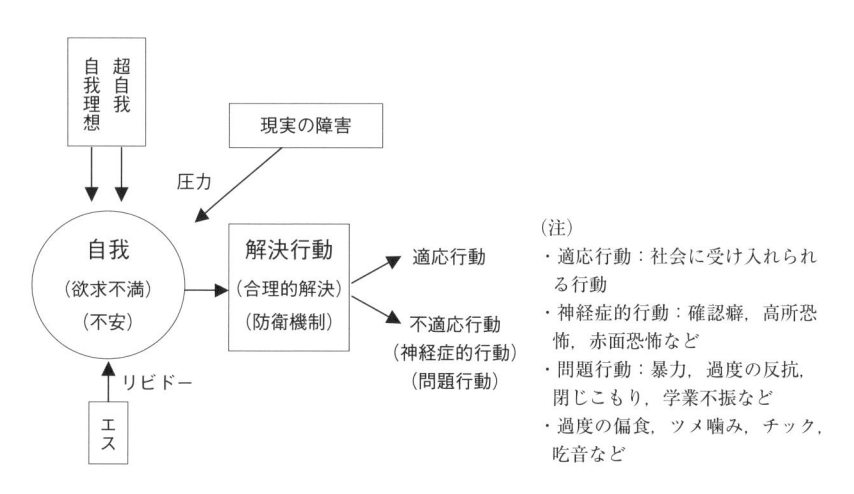

超自我
自我理想
　↓　↓
　　　　現実の障害
　　　圧力　↓
自我 → 解決行動 → 適応行動
（欲求不満）（合理的解決）　　不適応行動
（不安）　（防衛機制）　　（神経症的行動）
　↑リビドー　　　　　　　（問題行動）
エス

（注）
・適応行動：社会に受け入れられる行動
・神経症的行動：確認癖，高所恐怖，赤面恐怖など
・問題行動：暴力，過度の反抗，閉じこもり，学業不振など
・過度の偏食，ツメ噛み，チック，吃音など

図 11-3　超自我とエスの力学関係と自我による解決行動（前田，1985より改変）

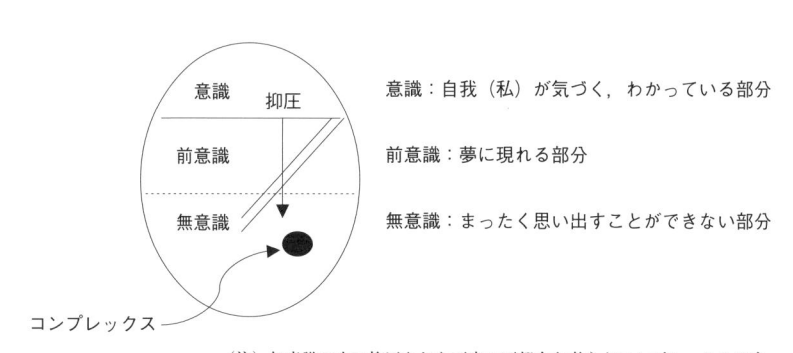

意識／抑圧
前意識
無意識
　↓
コンプレックス

意識：自我（私）が気づく，わかっている部分
前意識：夢に現れる部分
無意識：まったく思い出すことができない部分

（注）無意識の中に抑圧された不安や不都合な考えがコンプレックスです。

図 11-4　意識水準と抑圧されたコンプレックス

ると攻撃行動，退行，異常固着などの社会的に不適切な行動が起きます。

(2) 解決行動 (適応機制)

欲求不満状態に陥るのを避ける，また不安を感じないようにしようとする心の働きを適応機制といいます。適応機制には，意識して解決を図る意図的解決行動と自分では気づかない無意識的解決行動（防衛機制）があります。

1) 意図的解決行動

バイトしてお金を貯めてから買う，というように障害の克服方法が意識される，あるいは合理的な解決行動です。第一希望が不合格で第二希望の大学に入学する，は目標を変えて入学の欲求を充足したことになります。

2) 防衛機制

耐え難い苦痛や羞恥心，罪悪感，不安は意識すると一層，強くなります。そのため苦痛・不安を無意識の中に閉じ込め（抑圧し），心を安定化させようとします。その心の働きが自我による無意識的な防衛で，防衛法が防衛機制です（図11-3, 4参照）。基本的な防衛機制は表11-4に示してあります。

防衛機制による解決は無意識の領域に閉じ込め（抑圧し）ているにしか過ぎませんので不安や苦痛は解消されないままです。多用したり不適切に使用し続ければ，無意識となった不安・苦痛はしだいに増大し，防衛は破綻し，一層不安や苦痛が増大します。しかし日常生活で防衛機制をまったく使用しないと日常生活に適応できないことが多いので適度に使用することが大切です。

3) ストレス，コーピングとソーシャル・サポート

解決行動や欲求不満と身体や精神の健康度との関係が明らかになっています。ラザルス（Lazarus & Folkman, 1984）によればストレッサーの対処法（コーピングといいます）には問題焦点型と情動焦点型があり，コーピングの能力を高めるとストレスが減少します（欲求不満状態が弱まり，悩みが消えます）。ストレス対処能力が高まりますと，感染症への抵抗力が高まるとの結果もあります。また友人などのソーシャルサポートがあると，一層ストレスが減ります（コラ

表 11-4　基本的な防衛機制（前田，1985 より改変）

種類	内　　容
抑圧	苦痛な感情・記憶などを意識から閉め出す
退行	早期の発達段階で行っていた行動を再現する，幼児期への逃避
逃避	空想（白昼夢など），病気（疾病逃避）などに逃げる
転移	特定の人への感情をよく似た人に向ける
合理化	失敗を自分の責任を認めず他人や出来事のせいにする
同一視	他者の一部を取り入れ同じように振る舞う

コラム11・1

ストレス，コーピング，ソーシャル・サポート

　ストレスは，元々はセリエ（Selie, H.）により生物的ストレスとして提唱されラザルス（Lazarus, R. S.）らにより心理的ストレスに拡張されました。ストレッサー（ストレスを引き起こすもの。例として愛する人との離別）により，不安，イライラ，抑うつ，身体症状が生じている場合にストレスといいます。ストレスを低減させる方法にコーピングとソーシャル・サポートがあります。

　どのような刺激がストレッサーになるかは対処法（コーピング）により異なります。問題焦点型は，問題解決行動を起こすことや解決の計画を立てることにより不安を低減させる方法です。情動焦点型は，不安や不快な気分を逸らす方法であり，別のことに注意を向けたり，他人に慰めてもらうなどです。コーピングにより対処可能となれば，身体症状やイライラも低減し感染症などの身体的病気への抵抗力も高まり，より健康的で肯定的な人生を送ることが可能となります。

　ソーシャル・サポートがストレスを低減する効果があることも実証されています。カーマークらによる血圧とソーシャル・サポートに関する実験では，ストレスが加わると一人でいる時より友人と一緒の方が血圧の上昇が少なく，とくにストレッサーが強い場合は，ソーシャル・サポートの効果が著しい，との結果でした（Kamarck et al., 1995）。

ム 11・1 参照)。

4) 欲求不満耐性（フラストレーション・トレランス）

欲求不満耐性は，欲求不満に対処できる個人の能力ですが，課題解決能力，防衛機制の適切な使用，コーピングなどから構成され，適切な経験により獲得されます。耐性が高いとより合理的で社会に受け入れられる解決行動が生じます。

5) 欲求の種類・階層

生命の維持に必要な食欲や睡眠などは一次的（生理的）欲求，お金，社会的地位などは二次的（社会的欲求）です。マズロー（Maslow, 1962）は，生理的欲求から自己実現欲求まで，5階層に分けています（詳しくはp.191参照）。欲求の種類は環境や状況や年齢などによって異なるし変化もします。

悩みには強弱があり，また悩みの種類ごとに階層をなしています。友人のことよりも今は進路が最も強い悩みであったり，成績より友人に裏切られたことが今は最も悩んでいる，がその例となります。

3. 悩みの援助

(1) 悩みの病理

悩みには以下に述べるような水準があります。

1) 性格レベルの悩み

友人ができなくて寂しい，自信がないなどは主として性格上の問題で，神経過敏傾向，内向性のいずれかです。戸締りが気になって仕方ないとか，友人ができなくて寂しいと悩んでいたとしても日常生活を乱すほどではありません。経験や年齢により変化し，いずれ気にならなくなる場合が多い悩みです。

2) 不適応状態レベルの悩み

強い悩みを抱えてしまい解決できずに社会に適応できなくなった状態に不登

校，引きこもり，家庭内暴力，職場不適応などがあります。適応機制が破綻し社会的に認められる行動を遂行できなくなっている状態といえます。これらの不適応状態は年齢が高いと統合失調症やうつ病などの精神障害が主たる原因となって生じていることがあります。

3) 神経症レベルの悩み

高い所へ行けない高所恐怖症，社会恐怖症，手を何回も何回も洗わないと気がすまない強迫神経症などです。これらは自分でも不合理だとわかっていても，

コラム11・2

新型うつ病

従来のうつ病と新型うつ病うつ病は，"心の風邪"といわれるように誰にでも生ずる病気といわれるようになりましたが，元々は仕事熱心，秩序を重んじる，責任感が強いなどのメランコリー親和型あるいは執着性性格の人に多く発病していました。現代では新しいパターンのうつ病が増えてきたといわれます。診断基準の変化もあり，一概に急増したとはいいがたいのですが若年層において発症するケースが多いようです。うつ病は自殺との関連が深いので注意を要する障害です。一般的に現代型と従来型は以下のように違いがあります。まとめると次のような違いがあります（斉藤，2011）。

表11-5 従来型うつ病と新型うつ病

	従来型	新型
年齢層	中高年	若年層
性格	規範への愛着	甘えと現実逃避的
症状	疲弊と罪悪感	回避と他人の非難
薬物治療	良好	部分的効果

自分の意思に反して行ってしまい，日常生活に支障を来たすことになります。適応障害，PTSD（外傷後ストレス障害）もこのレベルに含まれます。これらは心理的原因によって生ずる不適応状態で，特定の症状が形成されています。

4) 特異なパーソナリティのレベルの悩み

著しく偏った行動を示し続け，長期間にわたり社会にうまく適応できず，認知，感情・情緒の統制，独特な対人関係などに偏りをもつ人を，精神医学ではパーソナリティ障害としてとらえ10種類3群に分けています（DSM-IV-TR）。

第1群は「奇異な／普通でない行動」を示す群，第2群は「派手な／突飛な行動」を示す群，第3群は「不安／恐怖に関連する行動」を示す群です。

典型的な障害は第2群の境界性パーソナリティ障害です。人から見捨てられることを極度に恐れる，極端に激しい対人関係，自傷行為の反復，激しい怒りの表出，などが特徴で，本人自身も苦しみまわりの人を巻き込み苦しめます。

5) 精神病レベルの悩み

自分に電波がかけられ探られているなどの妄想，誰かが自分に話しかけてくる声が聴こえるなどの幻聴を訴えることが多くあります。その妄想や幻聴に支配されている状態が統合失調症で，精神医学的治療が最も必要とされる障害です。また症状の軽重に個人差が著しいのもこの障害の特徴です。気分障害（以前の躁うつ病）は，さしたる大きな原因がないのに躁状態やうつ状態がひどく，社会生活が大きく乱れます。うつ状態の時には自殺する可能性が高まります。いずれも内因が主となる精神障害とされています。

（2）悩み解決の援助

1) 対象（クライエント）

「悩み」の解決を援助する心理学の領域はカウンセリングや心理療法です。本人を取り巻くまわりの人たちが相談に訪れることもあります。子どもや成人で自分の悩みを意識できない場合などの「病識」のない人です。何に悩んでいるか，困っているか，どのようになりたいか，など初回で聴きとります。

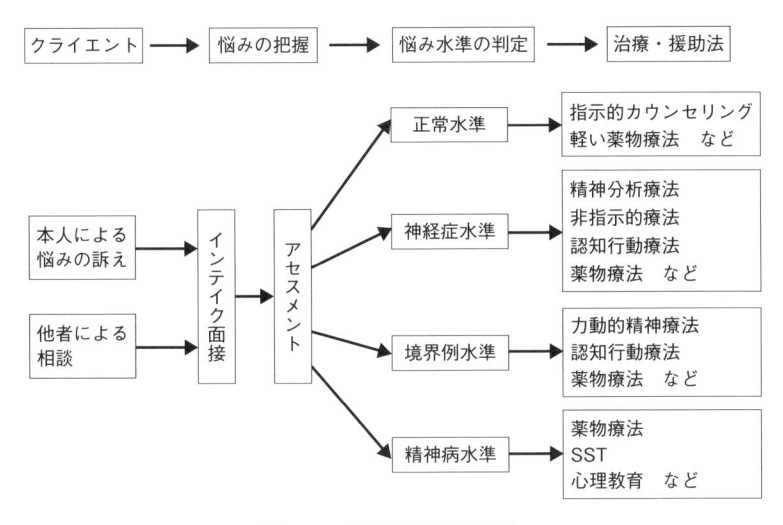

図11-5 心理相談と治療の流れ

2）心理アセスメント

　来談者が訴える悩みを聴きとり，生活歴や対人関係も聴きだします。パーソナリティの構造，特徴的な力動，認知や対人関係の特徴などを把握するために，各種の心理検査が実施されることもあります。とくに言語化が不得手な幼児・児童や，無意識の心の動きを把握するには投影法が多く用いられています。

3）援助法（カウンセリング・心理療法）の種類

　援助法には多くの種類があります。どのような心理療法を使用するかは，悩みのレベル，対象者の特性（言語化が可能か否か）により異なります。
　無意識となっている問題点を言語・会話を通して気づくよう援助する洞察型，これには精神分析療法が典型です。行動の意味づけを治療者とともに行う活動型には認知行動療法があります。また，集団で実施する集団精神療法やエンカウンターグループがあります。芸術療法とされるものの中には絵画療法，コラージュ法があり，主として子どもを対象とした療法には遊戯療法が行われます。相談の開始から治療・援助法までのおよその流れを図11-5に示しました。この図からわかるように，悩みの水準により，援助法，治療法が異なります。

■発展学習■

1. 復習しよう

(1) パーソナリティ理論にはどのようなものがあり，どのような原理でパーソナリティ理論は唱えられているのか，もう一度振り返ってみましょう。

[   ]

(2) 欲求不満と不安は同じように扱われることが多いのですが，心の内側においてどのようにこれらは処理されていたのでしょうか（図11-3を参考にすること）。

[   ]

(3) 悩みの階層をもう一度振り返ってみましょう。①中学生の頃，②高校生の頃，③現在の悩み，の階層を作ってみましょう。

[   ]

2. 考えてみよう

(1) 幼少期における親の養育態度はいくつかのパターンに分けられています。次のパターンでは子どものパーソナリティがどのようになるかをフロイトの人格構造から考えてみましょう。

・厳格型

・溺愛型

(2) 自分の"悩み"を次の点から整理してみましょう。悩みの種類，欲求階層での位置，期間，障害，解決方法。

(3) 引きこもり，ニート，不登校，自傷行為などの不適応状態，うつ病などの病的状態の内，一つを選び自分がそのような状態になったと想像し，次いでなぜ，その状態になったか，立ち直るきっかけは何かを考えてみましょう。

3. 調べてみよう

(1) パーソナリティ理論の内，特性論はどのような考えで作成され，どのような特性論があるか，調べてみましょう。

(2) さらに，小学校の児童や幼稚園の園児に心理検査を適用したら，指導上どのような利点があるかを調べてみましょう。

(3) 精神障害の診断基準にはアメリカ精神医学界による DSM-Ⅳ-TR，WHO による ICD-10 があります。どのような内容なのか調べてみましょう。

引用文献

Freud, S. (1940). *Gesammelte Werke*, Bd.XI, XV. London: Imago Publishing.（高橋義孝・下坂幸三（訳）(2010). 精神分析入門 上下 新潮社）

Jung, C. G. (1966). *Psychologische Typen*. Rascher Verlag Zürich und Stuttgart.（河合隼雄 (1967). ユング心理学入門 培風館より）

Kamarck, T. W., Annunziato, B., & Amateau, L. M. (1995). Affiliations moderate the effects of social threat on stress-related cardiovascular responses: Boundary conditions for a laboratory model of social support. *Psychosomatic Medicine*, **57**, 183-194.

河合隼雄 (1967). ユング心理学入門 培風館

Kretschmer, E. (1928). *Körperbau und Charakter: Untersuchung zum konstitutionellen Problem und zur Lehre von dem Temperamenten.*（相場均（訳）(1960). 体格と性格 文光堂）

Lazarus, R. S., & Folkman, S. (1984). *Stress, appraisal and coping.* New York: Springer.（本明寛他（訳）(1991). ストレスの心理学 実務教育出版）

前田重治 (1985). 図説 精神分析学 誠信書房

斉藤環 (2011). 社会的うつ病の治し方 新潮社

SPI研究会 (1978). 下田式 性格検査 解説書 日本文化科学社

参考文献

American Psychiatric Association (2003). *Diagnostic and statistical manual of mental disorders* (4th ed.). Washington, D. C.: APA.（高橋三郎・大野裕・染谷俊幸（訳）(2003). DSM-Ⅳ-TR 精神疾患の分類と診断の手引き 新訂版 医学書院）

馬場禮子 (2008). 精神分析的人格理論の基礎 岩崎学術出版

Devison, G. C., Neal, J. M., & Kring, A. M. (2004). *Abnormal psychology.* New York: John Wiley & Sons.（下山晴彦（編訳）(2007). テキスト臨床心理学3 誠信書房）

Maslow, A. H. (1962). *Toward a psychology of being.* Princeton, NJ: D.Van Nastrand.（上田吉一（訳）(1964). 完全なる人間 誠信書房）

本明寛（編著）(1989). 性格心理学1 性格の理論 金子書房

妙木浩之 (2000). フロイト入門 筑摩書房

岡田尊司 (2005). 子どものこころの病を知る PHP研究所

岡田尊司 (2004).「パーソナリティ障害」 PHP研究所

斉藤環 (1998). 社会的ひきこもり PHP研究所

鈴木晶 (2000).「精神分析入門」を読む NHKライブラリー

牛島定信（編）(1995). フロイト入門 こころの科学 61 日本評論社

山中康裕他（編）(2004). 心理臨床大事典 改訂版 培風館

第12章

キャリア発達

　大人って何だろう？　大人になるってどういうことか考えたことがありますか？　子どもと大人の違いは何でしょう。大学生になると，まもなく成人式を迎え，小学校からスタートした長い学校生活が終了して，多くの学生は社会へと巣立っていきます。そこからはいよいよ社会人としての生活が始まります。つまり，何もできなくて保護された立場から，大人として社会的に自立して生きていくことになります。この章では，社会人として自立していく過程を「キャリア発達」の観点からみていきます。

1.「キャリア」とは

(1)「進路指導」から「キャリア教育」へ

　最近すっかり「キャリア教育」や「キャリア発達」という表現で定着してきた「キャリア」という用語ですが，「キャリア」という用語の歴史はまだ浅く，日本で公式の文書の中で登場したのは1999年です。現在中学校や高等学校で実施されている「キャリア教育」は，以前から「進路指導」として実施されていました。「進路指導」は，将来どういう人間になって，どう生きていくことが望ましいのかという長期的展望にたった人間形成をめざす教育でした。しかし，全国の98％の中学生が高校進学をし，70％以上の高校の生徒が大学や短大に進学する現状では，その指導の中心は，将来どのように生きるかということより，卒業する段階でどのような進路を選択するのかということが中心になっていました。それが，1999年以降「進路指導」が「キャリア教育」となり，指導の中心が少しずつ変化してきています。現在では全国の学校でキャリア教育がとりくまれています。

（2）キャリア発達とは何か

　第9章で学んだように，青年期の重要な発達課題としてアイデンティティの確立があり，人生において重要な決定をしていきます。その中でも，職業選択はとくに重要な決定といえるでしょう。しかし，職業選択は青年期においてのみできることでしょうか。

　ギンズバーグら（Ginzberg et al., 1951）は，職業選択行動を発達のプロセスとしてとらえ，空想的選択期（11歳未満），試行的選択期（11歳〜17歳），現実的選択期（18歳〜22・23歳）の3つに分けました。空想的選択期においては「大きくなったら何になりたい」と質問された時，「私は大きくなったら，セーラームーンになりたい」「お嫁さんになりたい」「お花屋さんになりたい」と，現実的な仕事内容とかけ離れた空想的な仕事をイメージする時期があります。それが成長するに従って，試行的選択期には，より現実的で自分の興味関心や価値観，能力などを検討しながら総合的に考えることができるようになってきます。現実的選択期は実際の就職の時を迎え，職業選択の条件や自分の能力の限界など現実的な要因を検討する時期といえます。

　どんな仕事をしたいかというイメージは，幼少期からすでにスタートしており，しだいに現実的なものとして形成されてくることを考えると，青年期だけの課題ではないことがわかります。

（3）キャリア発達の定義

　キャリア発達は，「生涯にわたる変化の過程であり，人が環境に適応する能力を獲得していく過程です。その中で，自己の知的，身体的，社会的な特徴を一人ひとりの生き方として統合していく過程」と定義されています（文部科学省，2006）。ここでは，過去，現在，未来の自分を考えて，社会の中で果たす役割や生き方を展望し，実現することがキャリア発達の過程であると説明されています。

　キャリアはある年齢に達した時点で自然に獲得されるものではなく，発達段階や発達課題の達成と深くかかわりながら段階を追って発達していくものといえます。このように社会の中で自分の役割を果たしながら，自分らしい生き方を実現していく過程，つまり「自己実現」へのプロセスが「キャリア発達」なのです。

（4）キャリア教育が必要とされる背景

なぜ今，学校教育においてこれほどまでに「キャリア教育」が必要とされてきたのでしょうか。景気の後退や産業構造・就業構造の変化の影響と，若者たち自身の労働への意欲の減退や，社会的・職業的自立に向けた意識の希薄化など学校から職業に困難を抱える若者たちが増えてきていることが考えられます。

1）若年層の離職率（図 12-1）

厚生労働省の報告（2010）によると，中学・高校・大学の卒業後，3年以内に仕事をやめた人は，中学の卒業生が約65％，高等学校の卒業生が約40％，大学の卒業生が約31％もいます。離職者の多くは個人的理由によるもので，その後の働き方に大きく影響していきます。

2）フリーターの増加（図 12-2）

学校卒業後正規の職に就かずに，パート・アルバイトで仕事をしながら生活する人をフリーターといいます。労働白書では，15歳から34歳と限定しています。フリーターには，定職に就きたいと思って努力している人もいますが，将来定職に就きたいがとくにとりくみをしていない人，また今後も継続してフリーターとして働くと考えている人もいます。日本労働研究機構（2000）の研究では，フリーターになる理由や契機から，「夢追求型」「モラトリアム型」「やむをえず型」の3類型を提示していますが，不安定な働き方をしている人たちは，自立して働くということがむずかしくなっています。フリーターは2003年まで増加し，その後少しずつ減少傾向になりましたが，最近になってまた増加しています。

3）ニートの増加（図 12-3）

学校を卒業した後も，仕事もせず勉強もしないで生活する人を（NEET：Not in Employment, Education or Training）といいます。社会の経済状況の変化による影響で，正規に雇用されにくい状況もありますが，自分の働く価値観を見失ってしまい，働く意欲をなくし仕事に就いていない人がいることなどが考えられます。彼らは自分自身何が得意でどんなことに興味をもっているの

1.「キャリア」とは

か，どんな仕事をすると生き生きと働けるのか，どんな仕事を選択していいのかわからないといえるでしょう。そして経済的に自立できないことによって，さらに自信を失ってしまうことが起こります。

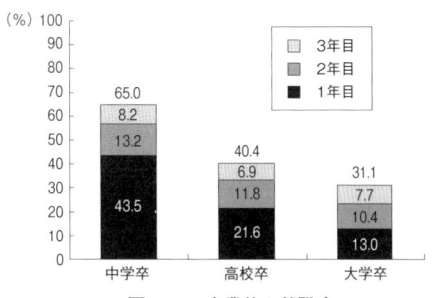

図 12-1 卒業後の離職率

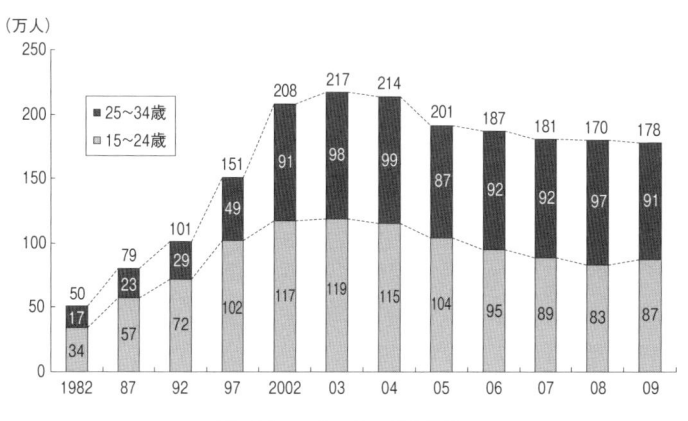

図 12-2 フリーター数の推移

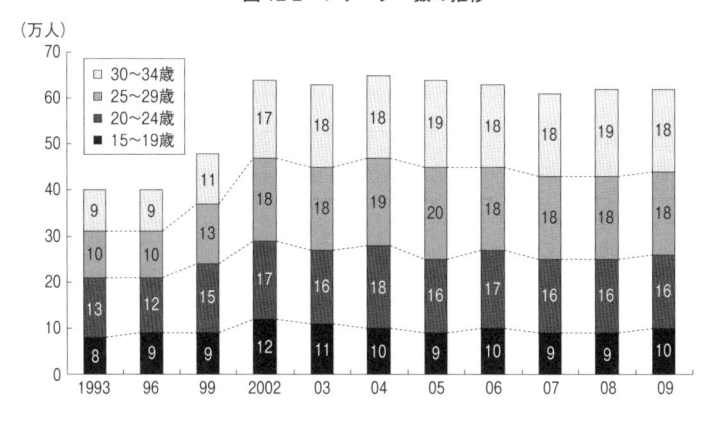

図 12-3 ニート状態の若者の推移

2. キャリア発達の心理学

(1) スーパーによるキャリア発達

　キャリア発達の考え方は，基本的に発達心理学にもとづいています。つまり人間の発達段階と深くかかわりながら発達していくという考え方です。アメリカの心理学者スーパー（Super, 1980）は，人生における「主要な役割」の連鎖としてキャリアをとらえています。

　スーパーは，キャリア発達を「役割」と「時間」の軸を使用して「ライフキャリアレインボウ（the life-career rainbow）」（図 12-4）にあらわしています。

　スーパーはキャリア発達の観点から，個人の発達を，成長段階（誕生〜14歳），探索段階（15歳〜24歳），確立段階（25歳〜44歳），維持段階（45歳〜64歳），衰退段階（65歳〜）の5段階の発達段階を考えました。

　そして，個人の人生の中にある，子ども・学生・余暇人・家庭人（妻や夫，親）・労働者・市民などさまざまな役割が生涯のどの時期に果たしていくかを時間軸で理解することができるとしています。

　図 12-4 を見ながら説明してみましょう。一般に多くの人は小学校から20代までは学校で「学生」としての役割を生きます。人によっては40代で大学や大学院で学び直すこともあります。再び「学生」の役割を生きることになります。20歳になって成人になると選挙権を取得して「市民」としての役割が発生します。大学に進学した人は大学を卒業して「学生」の役割が終わると，ほとんどの人は「労働者」として働きます。「労働者」として働くことは，社会人として経済的に自立することを意味します。また，結婚することで「妻や夫」としての役割が追加され，子どもができることで「親」の役割が増えます。結婚や出産をしてもそのまま働く場合は，「労働者」としての役割は継続していくことになるので，役割は増えます。一方で仕事を辞める場合は「労働者」としての役割はなくなることになります。両親が他界することで「子ども」としても役割は終了します。どの役割をどの時期に大切にして生きるかはその人の価値観によって違ってきます。

　このようにライフキャリアレインボウによって，一生涯を時間的な発達の視点でとらえ，生まれてから死ぬまでのそれぞれの発達段階において社会的な成

2. キャリア発達の心理学

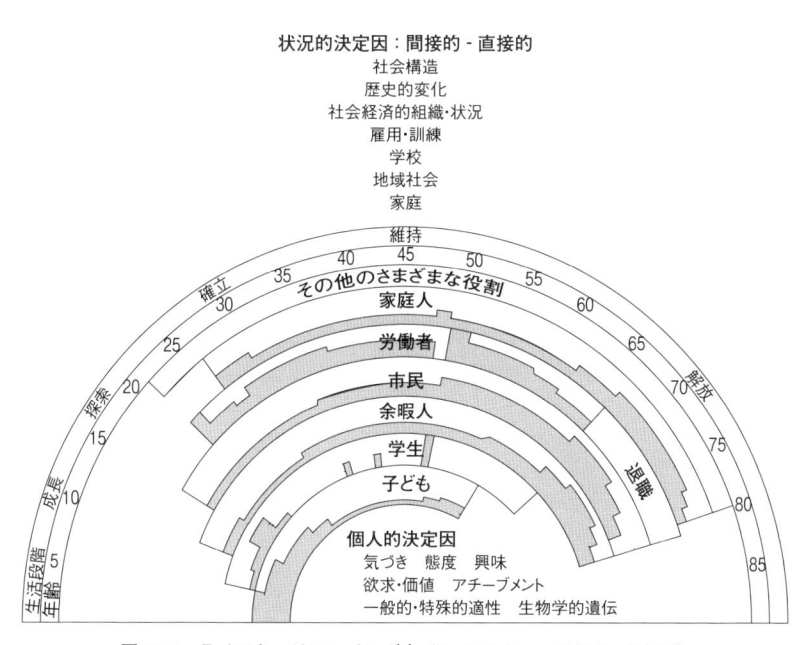

状況的決定因：間接的 - 直接的
社会構造
歴史的変化
社会経済的組織・状況
雇用・訓練
学校
地域社会
家庭

その他のさまざまな役割
家庭人
労働者
市民
余暇人
学生
子ども

個人的決定因
気づき　態度　興味
欲求・価値　アチーブメント
一般的・特殊的適性　生物学的遺伝

図 12-4　ライフキャリアレインボウ（Nevill & Super, 1986 を一部改訂）

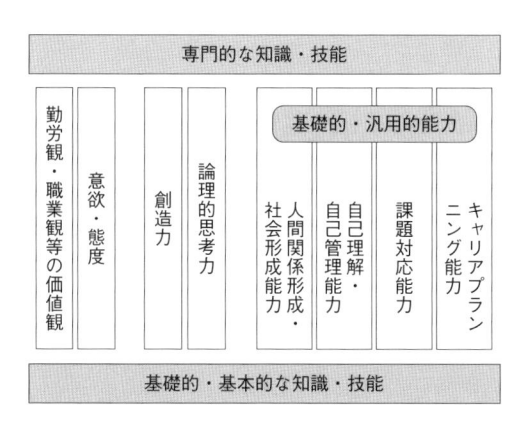

図 12-5　社会的・職業的自立，社会・職業への円滑な移行に必要な力（文部科学省，2011）

専門的な知識・技能

勤労観・職業観等の価値観 ｜ 意欲・態度 ｜ 創造力 ｜ 論理的思考力 ｜ 基礎的・汎用的能力（社会形成・人間関係形成能力 ｜ 自己理解・自己管理能力 ｜ 課題対応能力 ｜ キャリアプランニング能力）

基礎的・基本的な知識・技能

熟や環境に適応しながら生きていくことや，人が一人ひとりの生涯を仕事だけではなく，さまざまな役割をもって生活していることがわかります。つまり，仕事だけが人生のすべてではなく，役割として理解できる全体像がキャリアとして考えられるということなのです。したがって，仕事という人生の中で重要な役割（ワークキャリア）とそれ以外の役割（ライフキャリア）のバランスを考えていくことが大切なことなのです。

（2）キャリア発達に必要な力

一人ひとりの豊かなキャリア発達を促すために必要なことはどのようなことでしょうか。児童生徒が社会的・職業的に自立して，学校から社会・職業へ円滑な移行に必要な力の要素として，次のようなことが考えられています（文部科学省，2011）。

①小学校からの「読み・書き・計算」の能力とともに社会的・職業的により直接的に必要となる知識を理解すること。

②分野や職種にかかわらず，社会的・職業的自立に向けて必要となる能力で，よい人間関係を形成し，自己理解を深め自己管理できるようにしたり，課題に対応する能力や自分のキャリアプランニングについて考えることができる力を養うこと。

③物事を論理的に考えたり，自ら新しい社会を創造・構築できる力を養うこと。

④学校生活や社会で意欲をもってとりくむ態度を育てること。

⑤人生観，社会観，倫理観など価値判断の基準となる価値観を形成すること。これは，やろうとすることに価値があることを認めたり，行動に移す際にその判断基準としての価値観である。また「なぜ仕事をするのか」「自分の人生の中で仕事や職業をどのように位置づけるか」などの勤労観・職業観もここに含まれる。

また，経済産業省からは，職場や地域社会で活躍するうえで必要となる能力について，「社会人基礎力」として3つの能力があげられています。

① Action　前に踏み出す力：一歩前に踏み出し，失敗しても粘り強くとりくむ力⇒主体性，実行力，働きかける力

コラム 12・1

マズローの欲求階層説

マズロー（Maslow, 1962）は，人間の欲求は階層的になっているといいます。それは基本的欲求の生理的欲求から自己実現まで 5 段階になっていて，下から順番に欲求が満たされると次の欲求を求め，というしくみで，欲求の階層説といいます（図 12-6）。

生理的欲求：最も基本的な欲求として生理的欲求があります。これは生きていくうえで欠かせない生命維持のための欲求で，食事・睡眠・排泄などが含まれます。

安全欲求：身体的に安全であるという欲求で，病気や怪我，暴力などの危険から守られていたいという欲求です。経済的安定や衣食住などに不自由にしないなど安全で安定した生活への欲求です。

所属と愛の欲求：安全の欲求が満たされると，次の段階としての所属と愛情の欲求を求めるようになります。これは，信頼できる人間関係の中で受け入れられ，愛情に満たされた関係を望みます。この欲求が満たされないと孤独を感じます。

承認欲求：次に，自分が属する集団から価値ある存在と認められ，尊重されることを求めます。地位や名声の欲求もありますが，高いレベルの承認欲求は，他者からの評価よりも自分自身の評価が大切で，自己信頼感が高くなります。

自己実現の欲求：4 つの欲求が満たされると，自分にしかできない生き方をしたい，より成長したいと望みます。これは人間の最も高次の欲求といわれており，自分の可能性を最大限に活かし，自由に生きるという最も人間的な生き方といえます。

図 12-6　マズローの欲求階層

② Thinking　考え抜く力：疑問を持ち，考え抜く力⇒計画力，課題発見力，想像力。
　③ Team Work　チームで働く力：多様な人々とともに，目標に向けて協力する力⇒発信力，柔軟性，状況把握力，傾聴力，規律性，ストレスコントロール力。
　以上のように，キャリア発達に必要な力は，小学校からの教科から学ぶ知識や大学での専門的な知識だけではなく，ここにあげられたようなさまざまな力や要素の育成が必要となってきます。ここにあげられた力や要素は，日常生活での積み重ねや学習の中で総合的に培われるものです。

3. キャリア発達の段階

(1) 学校段階のキャリア発達

1) 幼児期のキャリア発達

　幼児期は人格形成の基礎をつくる大切な時期です。この時期に自分の興味や欲求にもとづいたさまざまな経験を通して，豊かな心や自分からかかわろうとする意欲，健全な生活を営むために必要な態度が培われる時期です。また幼稚園や保育所での友だちとの遊びやけんかなどの経験が他者とのかかわりの基礎をつくっていきます。すでにこの時キャリア発達はスタートしているといえるでしょう。

2) 小学生のキャリア発達

　小学校においては学校生活や家庭生活の中で，学級での係活動や家庭でのお手伝いなどをとおして自分の役割やみんなのために働くこと，夢をもつことの大切さを理解します。身近な活動や経験の中から，興味・関心の幅を拡大していきます。自分や他者へ積極的に関心をもち，社会性，自主性・自律性，関心や意欲を養うことが重要であるとされています。そして「自己の生き方について考えを深めること」が目標とされています。

コラム12・2

興味・関心

　興味はやる気を起こす原動力です。人間は興味を感じて面白そうだと思うとそれに魅力を感じ，よりその分野に価値を見出して満足感を得るといわれています。ですから，興味があればあるほど面白味がわいてきます。逆にいくら上手でも興味がなければ苦痛を感じることも起きてくることがあります。したがって，自分の興味関心がどこにあるか検討されて把握していることは，その後のキャリア形成に影響してくるでしょう。

　ホランド（Holland, 1985）は，パーソナリティの表現の一つでもある職業選択について，同じ職業に就いている人々は似かよったパーソナリティ特性および成長の過程があることを見出しました。そこから「VPI職業興味検査　Vocational Preference Inventory」を開発しました。つまり，同じ興味関心のパターンをもつ人たちは，同じ職業を選ぶ可能性が高いということです。たとえば保育者になる人は，福祉に関する興味領域と企画運営に関する興味領域と探求に関する興味領域が高いようです。さて，あなたはどの興味領域が高いでしょうか。

3）中学生のキャリア発達

　中学校においては自我の目覚めや独立の欲求が高まり，人間関係が広がっています。そして自分の役割や責任の自覚が芽生える時期です。部活動や委員会活動を通して，社会における自らの役割を考えます。また，職場体験をとおして，実際の社会に触れ働くことを経験します。ここで，将来の生き方や自分が社会で働くということについて考えます。多くの生徒は高等学校への受験という進路選択の課題に直面し，自分の意志と責任で決定しなければなりません。

4）高校生のキャリア発達

　高等学校では中学校よりさらに独立や自立の欲求が高まります。所属する集団の規律や社会のルールに従いながら，各自の役割や期待にこたえて円滑な人間関係を築いていけるようになります。そのなかで，自己の将来の夢や希望を

抱き，それを実現するのに必要な能力や態度，勤労観や職業観などの価値観を形成し，どのように社会へ出ていくかを検討していく段階です。

5）大学生のキャリア発達

　大学は社会との接点となる時です。社会人・職業人として必要となる基礎的能力と専門性を学び，社会とどのようにかかわっていくのか明確な課題意識と目標をもち，それを実現するための能力を身につけられるようにすることが必要とされています。卒業時の就職だけをめざすものではなく，生涯を通じた持続的な就業力の育成と豊かな人間形成および人生設計をめざします。

（2）女性のキャリア発達：ライフスタイルからみるキャリア発達

　女性のキャリア発達には，結婚や出産，育児などのライフイベントが大きく影響してきます。もちろん夫となる人のかかわり方にも影響を受けますが，やはり女性自身が自分のキャリアを考える時，自分のライフスタイルをどうしたいか検討することが必要になります。女性の就労パターンは「就労継続型」「結婚退職型」「結婚退職・パート復帰型」「結婚退職・常勤復帰型」「出産退職型」「出産退職・パート復帰型」「出産退職・常勤復帰型」などがあります。どのパターンを選ぶかは，あなたのライフスタイルに関する考え方によります。仕事中心か，家庭中心か，仕事と家庭の両立をめざすのか，価値観と照らしあわせてライフスタイルを考えていきます。しかし，これからは，仕事と家庭という2つの役割だけではなく，それ以外の役割についても視野に入れていく必要があります。より豊かなライフプランニングを考えるためにも，多方面からのワークライフバランスについて考えてみましょう。

（3）ワークキャリアの発達：保育者のキャリア発達

　人は社会人や職業人としても，その仕事の中で日々変化し成長していきます。たとえば，秋田（2000）は幼稚園や保育所で働く保育者の発達について，アメリカのヴァンダー・ヴェン（VanderVen, K.）の5段階モデルを紹介して説明しています。

コラム 12・3

中学生の職業体験

　全国の公立中学校の 94%（2010 年）で職業体験が実施されています。日数は 1 日〜 5 日間で実施され，地元の商店や保育所などに行って，現場の仕事の様子を観察させてもらいながら，職場体験をしています。中学生は，はじめて社会のしくみに触れながら，緊張と不安で始まり，だんだんに大人の社会を理解し，つまずきながらも最終的には達成感を感じる体験をしていきます。

　小長井（2010）によると，公立中学 2 年生の職場体験に関する勤労観は「労働に必要な条件に対する気づき」「労働のしくみに対する気づき」「労働への期待」で構成されていて，分析の結果，中学生の段階では勤労観の 3 因子ともに男女の差がないということがわかりました。また，事前事後の変化を比較したところ，事前より事後の方が 3 因子ともに高くなり，職場体験が中学生にとって重要であることがわかりました（表 12-1）。

表 12-1　勤労観尺度の職場体験の前後の比較（小長井, 2010）

	事前		事後		t
	平均	SD	平均	SD	
労働に必要な条件	3.51	0.38	3.67	0.37	4.40**
労働の仕組み	3.32	0.52	3.54	0.45	5.08**
労働への期待	3.12	0.62	3.32	0.60	3.57**

**$p<.01$

第1段階　素人・新任の段階
第2段階　初任の段階
第3段階　洗練された段階
第4段階　複雑な経験に対処できる段階
第5段階　影響力のある段階

　このプロセスは，保育の魅力とむずかしさの中で，保育者の専門家としての自己の変容と生成の過程としてとらえられています。このように，社会に出てからの仕事面でも，さまざまな危機を乗り越えつつ成長していくプロセスが続くといえます。

コラム12・4

キャリア・パスウェイ

　カナダのアムンドソン（Amundson, N. E.）とポーネル（Poehnell, G. R.）の提唱した「キャリア・パスウェイ　Career Pathway　仕事・生き方の道しるべ」（Amundson & Poehnell, 2004）を参考にみてみましょう。アムンドソンらは，キャリア探求のために，8つの側面から自己分析を試みることを勧めています。
　大学生活でも新しい出会いや体験，たくさんの学びがあります。その一つひとつが重要な意味をもっています。自分の成長の視点から振り返り，将来の活動とどのように結びついていくか考えてみましょう。

1. スキル：自分に何ができてどんなことを習得したか検討する
2. 性格：物事に対処する時の態度や傾向を把握する
3. 興味：自分の好みの傾向（好きなこと・きらいなこと）を検討する
4. 価値観：人の行動を導く信念や思いで，意思決定する時の基準を把握する
5. キーパーソン：あなたの生き方に影響を与える人を整理してみる
6. 仕事／生活・人生経験：自分の経験したことを整理してみる
7. 学習経験：学校以外の習い事などの経験を整理してみる
8. キャリア・チャンス：自分の力を活かすチャンスをみつける

(4) まとめ

キャリア発達は人生を通して発達していくものであり，青年期だけの発達課題ではありません。幼少期からさまざまな体験を通して積み重ねられていくものです。しかし，身体的にも心理的にも成長し自立する青年期に，今までのキャリア発達を見直し，今後のライフキャリア発達とワークキャリア発達，そしてその両者のバランスについて考えることは重要な課題といえるでしょう。

コラム 12・5

日本のキャリア教育の動き

　日本の憲法において，労働の権利と義務がうたわれているにもかかわらず，これまであまり重視されてこなかったキャリア教育ですが，さまざまな社会的状況によって，平成11年以降文部科学省から次々とキャリア教育に関する諮問が出され，その答申が発表されています。また，平成18年には60年ぶりに教育基本法が改正され，第2条の教育の目標に「個人の価値を尊重して，その能力を伸ばし，創造性を培い，自主および自律の精神を養うとともに，職業的及び生活との関連を重視し，勤労を重んずる態度を養うこと」とあります。これは今日のキャリア教育に求められる基本的な考え方といえます。現在では小学校段階から大学生段階までキャリア教育が必修になり，その重要度が理解できると思います。現在，国内のさまざまな学校で積極的な取り組みが行われていますが，まだまだ発展途上の段階で，課題は多くあります。

■発展学習■

1. 復習しよう

（1）あなたの出身小学校や中学校，高等学校におけるキャリア教育プログラムを思い出してみましょう。

```
小学校：

中学校：

高等学校：
```

（2）スーパーのライフキャリアレインボウ（図12-4）の中で，それぞれの役割で黒く色がついている部分があります。太い部分と細い部分があります。それは何を意味するでしょうか。読み取れることを書き出してみましょう。

（3）中学校における「職業体験」から学んだことはなんでしょうか。

```
時期：中学_____年生

機関：_____日間

場所（どこで体験したか）_____

内容：_____
```

2. 考えてみよう

(1) 学校から職場への移行に困難を抱える若者たちはどのような心理的問題を感じているか，考えてみましょう。

(2) ライフキャリアレインボウの図を見て，あなたにとって大切にしたい役割は何でしょうか。上位1位～3位にくる役割とその理由を検討してみましょう。

第1位 _____ 理由 _____

第2位 _____ 理由 _____

第3位 _____ 理由 _____

(3) 女性のライフイベントでは，どんなことがライフキャリアに影響してくるか，考えてみましょう。

3. 調べてみよう

(1) 現在，小・中・高では，どんなキャリア教育プログラムが実施されているか調べてみましょう。

（2）スーパーの提唱したライフキャリアレインボウの「役割」と「時間」の視点から，各自のライフキャリアを展望してみましょう。実際に，あなたのライフキャリアレインボウを作成してみましょう。ラインマーカーで，それぞれの役割について，どの時期に関連するか記入してみてください。

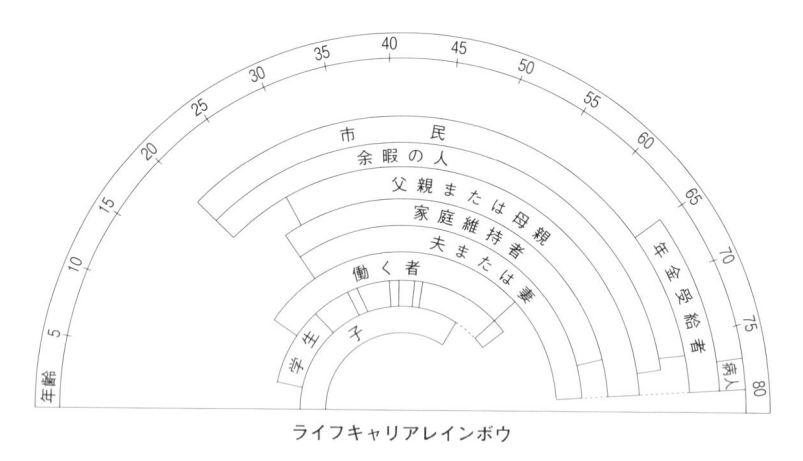

ライフキャリアレインボウ

（3）あなたが現在考えている仕事のワークキャリアは，どのように発達していくか，調べてみましょう。身近にその道の先輩がいたら聞いてみましょう。

引用文献

Amundson, N. E., & Poehnell, G. R. (2004). *Career pathways* (3rd ed.). Richmond, BC: Ergon Communications.（河﨑智恵（監訳）(2005). キャリア・パスウェイ―仕事・生き方の道しるべ― ナカニシヤ出版）

秋田喜代美（2000）. 保育者のライフステージと危機 発達, **21**（83）, 48-52.

Ginzberg, E., Ginsburg, S. W., Axelrad, S., & Herma, J. L. (1951). *Occupational choice: An approach to a general theory*. New York: Columbia University Press.

Holland, J. L. (1985). *Making vocational choices* (2nd ed.). New York: Prentice-Hall.（渡辺三枝子・松本純平・舘暁夫（訳）(1990). 職業選択の理論 雇用問題研究会）

厚生労働省（2010）. 若年者雇用に関するデータ・調査

文部科学省（2006）. 小学校・中学校・高等学校 キャリア教育推進の手引き―児童生徒一人一人の勤労観, 職業観を育てるために―

文部科学省（2011）. 中央教育審議会答申「今後の学校におけるキャリア教育・職業教育の在り方について」

中西信男（1995）. ライフ・キャリアの心理学 ナカニシヤ出版

Maslow, A. H. (1962). *Toward a psychology of being*. Princeton, IL: D. Van Nastrand.（上田吉一（訳）(1968). 完全なる人間 誠信書房）

Nevill, D. D., & Super, D. E. (1986). *The values scale manual: Theory, application, and research*. Palo Alto, CA: Consulting Psychologists Press.

日本労働研究機構（2000）. フリーターの意識と実態 調査研究報告書, No.136.

Super, D. E. (1980). A life-span, life-space approach to career development. *Journal of Vocational Behavior*, **16**, 282-298.

参考文献

文部科学省（2003）. キャリア教育の推進に関する総合的調査研究協力者会議報告書―児童生徒一人一人の勤労観・職業観を育てるために―

国立教育政策研究所生徒指導研究センター（2010）.「キャリア教育のススメ」 東京書籍

国立教育政策研究所生徒指導研究センター（2010）. 平成21年度職場体験・インターンシップ実施状況等調査結果

小長井明美（2010）. 中学生の勤労観―職場体験を中心として― 2010年聖徳大学児童学研究科修士論文

宮下一博（2010）. 大学生のキャリア発達 ナカニシヤ出版

内藤勇次（1997）. 生き方の教育としての学校進路指導 北大路書房

梅澤正（2007）. 大学におけるキャリア教育のこれから 学文社

柳井修（2001）. キャリア発達論―青年期のキャリア形成と進路指導の展開 ナカニシヤ出版

渡辺三枝子・E. L. ハー（2001）. キャリアカウンセリング入門 ナカニシヤ出版

渡辺三枝子（2003）. キャリアの心理学―働く人の理解― ナカニシヤ出版

あとがき

　「はじめに」で述べた編集・執筆の意図にもとづいて本書を完成させました。各執筆者は，保育士・幼稚園教諭・小学校教諭をめざす学生に対する長年の講義やゼミ・卒業論文の指導を通して学生の長所・短所を熟知しております。「はじめに」に加え，読者となる学生の特徴を考慮し以下の2つの観点から本書を編集しました。

　1つ目は，将来現場に出て役に立つ心理学の基礎的知識は，何か，どのような観点から，どのように提供するか。

　2つ目は，自分自身をより深く理解するための心理学的知識の提供です。誕生から発達段階に添って現在の自分を振り返るチャンスの提供を目的としました。自分の生い立ちを重ね合わせることにより，ヒトの発達をより深く理解でき，保育や教育の現場での指導や支援に役立たせることができると確信しております。

　本書は不十分な点は多くあるとは思いますが，これらの観点・目的は達成できていると思っています。不足しているとすれば，その責は編集者にあります。ご批判をいただければ幸いと，思います。

　終わりに，編集者の無理で強引なお願いを，快く引き受けていただいたナカニシヤ出版の皆様には厚く，お礼を申し上げます。

2011年 10月
都築　忠義

事項索引

あ
ICF →国際生活機能分類
ICIDH（国際障害分類） 118
愛着（アタッチメント：attachment） 40
 ——形成の不全 40
アイデンティティ・ステイタス 140
IP: identified patient 47
アスペルガー障害 122
アニミズム 8
アンダーマイニング（undermining）効果 87, 88, 96
暗黙の知能観 96, 97
いじめ 110
一見「良い」子 45
1歳6ヵ月健診 53
一語文 24
移動 1
意図的解決行動 174
衣服型 20（→言葉と思考）
イベントサンプリング 129
意味記憶 76
WISC-IV 120, 121
ADHD（注意欠陥多動性障害） 118, 124, 128, 129
エス 170
エピソード記憶 76
LD（学習障害） 118, 124
援助チーム 109
オペラント条件づけ 72
オペラント反応 72
親の役割をとる子ども 45
親の養育態度 40
 ——の類型化 42
折り合い 108

か
外言 21, 128
外的報酬 87
概念的葛藤 88
外発的動機づけ 86
回避学習 93
カウンセリング 179
拡散（diffusion） 140（→アイデンティティ）
拡散的好奇心 88
学習性無力感（learned helplessness） 92
学習目標 96
格助詞 25
拡大的知能観 96, 97
仮説実験授業 89, 90
家族関係のひずみ 44
家族の病理 46
家族ホメオスターシス（family homeostasis） 38, 46
葛藤 158
 ——事態 172
感覚運動期 6
環境因子 59
環境整備 64
観察学習 78
観衆 112
間主観性 36, 38
危機（crisis） 140
帰属理論 90
機能障害（インペアメント） 118, 119（→能力障害）
機能的遊び 6
基本的信頼（basic trust） 40
記憶 74
記銘 74（→記憶）
強化 72
 ——子 72
気になる子ども 54
キャリア教育 184
キャリア発達 185
ギャング・グループ 104
気楽な子ども 42
空想 8
具体的操作期 6
クライエント 178
クレーン行動 123
形式的操作期 6, 136
ケータイ 145
系列位置効果 76（→記憶）
結果予期 95
原因帰属 90, 91
言語習得装置（LAD; language acquisition

device）　23
言語聴覚士　56
検索　74
原初的没頭　38
好意の自尊理論　151
構音運動　23
高機能自閉症　122
行動化（acting out）　45
行動観察　58, 64
──法　129
行動主義　22
コーピング　174（→ストレス）
効力感　94
効力予期　95
国際生活機能分類（ICF）　59, 119
心の理論　10, 125
5歳児健診　54
個人因子　59
個人間伝達　18
個人内伝達　18
誤信念課題　10
固定的知能観　96, 97
古典的条件づけ　70
言葉と思考　20
ことばの教室　54
言葉の成立　25
個別指導　56
語用論　124
コンピテンス　94

さ
再生　74（→記憶）
再認　74（→記憶）
作業記憶（ワーキングメモリー）　76
作業療法士　56
サピア＝ウォーフの仮説（the Sapir-Whorf hypothesis）　27
3歳児健診　54
自我　170
──同一性（アイデンティティ）　139
──発達論　139
──理想　170
視覚　4
視覚的断崖装置　4
時間がかかる子ども　42
自己
──意識　10
──概念　138
──学習力　96
──教育力　96
──決定　96
──効力感（self-efficacy）　94, 95
──中心性　8
──係数　21
──中心的言語　20
──中心的思考　21
思春期　134
実態把握（アセスメント）　58
失敗回避動機　90
児童指導員　56
児童相談所　54
自閉症　122
──スペクトラム障害　118, 122
シャイネス　152
社会人基礎力　190
社会性　12
社会的言語　20
社会的不利（ハンディキャップ）　118, 119
集合の独語　20
集団指導　54
重要な他者　142

熟達志向型　97
巡回相談　57
賞　86
障害児通園（児童デイサービス）事業　54
障害児保育事業実施要項　56
障害受容　62
障害物　172
条件刺激　72
条件反応　72
使用語彙　24
象徴遊び　7
象徴機能　7
職業選択　185
触覚　4
初頭効果　76（→記憶）
新近性効果　76（→記憶）
新生児聴覚スクリーニング　53
人的環境　60
親密性　143
心理アセスメント　179
心理言語学　23
心理的離乳　141
進路指導　184
遂行目標　96
ストレス　174
性格　168
──形成の道筋　43
成功達成動機　90
生得説　22
青年期　134
青年文化　144
積極的関与　140
セルフモニタリング　128
宣言的記憶　76
染色体異常　53
前操作期　6

全体としての家族（family as a whole） 39
先天性代謝異常スクリーニング 53
想起 74（→記憶）
操作 2
ソーシャルサポート 63
早熟 136
相補性 151（→対人魅力）

た
第一反抗期 10
対人葛藤 158
対人消極性 154
対人不安 154
対人魅力 150
第二次性徴 134
第二の個体化 141
タイムサンプリング 129
代理強化 80
タクト（tact） 22
脱衛星化 141（→心理的離乳）
達成（achievment） 140
　——行動 97
　——動機 90
　——目標 97
多動性-衝動性 128
短期記憶 76
探求（危機） 140
単純接近効果 151
知覚過敏 124
知的好奇心 88
知的障害 118,119
知能指数（IQ） 119
チャネル 36
チャム・グループ 104
チャンク 76

中1ギャップ 106
中間子的性格 42
聴覚 4
長期記憶 76
超自我 170
長子的性格 42
貯蔵 74（→記憶）
通園施設 54
つり橋の実験 151（→対人魅力）
適応機制 174
手続き的記憶 76
典型発達 118
道具的条件づけ 72
同調 104
　——性気質 169
特殊的好奇心 88
特性論 168（→性格）
特別支援学校 56
特別支援教育 56, 118
取り扱いのむずかしい子ども 42

な
内言 21,128
内発的動機づけ 86, 88
内閉性気質 168
仲間集団 102
7ヵ月不安 39
喃語 23
ニート（NEET） 186
二重拘束（double bind） 46
乳幼児健診 53
乳幼児精神発達診断法 58
乳幼児分析的発達検査法 58
人称代名詞 29
認知 27

粘着性気質 169
能力障害（ディスアビリティ） 118,119（→機能障害）

は
パーソナリティ 168
発育スパート 134
罰 88
発見学習 90
発達加速現象 136
発達検査 58
発達障害 118
母からの分離・独立 40
母と子の間の相互理解力 40
般化 71,121
反響的反応（echoic response） 22
晩熟 136
ピア・グループ 104
ピアサポート 105
人見知り 39
表象 6
符号化 74（→記憶）
不注意 128
物的環境 60
不登校 106
文化 26
保育士 56
防衛機制 174
傍観者 112
忘却 74（→記憶）
　——曲線 75
報酬 86
保健所 54
歩行 2
保持 74（→記憶）
保存課題 7

ま

マス・コミュニケーション　19
末子的性格　42
マンド（mand）　22
見本合せ法（matching to sample）　120
ミラーニューロン障害仮説　125
無条件刺激　70
無条件反応　70
「むずかしい」子　45
無力感　92, 93
　──型　97
明瞭度　23
目と手の協応　2
メロディー型　20（→言葉と思考）
モデリング　78
モラトリアム　138
モラルジレンマ　160

や

抑圧　174
欲求階層説　191
欲求充足行動　172
欲求不満　172
　──耐性（フラストレーション・トレランス）　176

ら

ライフキャリアレインボウ（the life-career rainbow）　188
理解語彙　24
理学療法士　56
力動的パーソナリティ論　168
リハーサル　76（→記憶）
療育機関　54
臨床心理士　56
臨床発達心理士　56
類型論　168（→性格）
類似性　151
レスポンデント条件づけ　72
レスポンデント反応　72

わ

ワークライフバランス　194

人名索引

あ

秋田喜代美　194
アトキンソン（Atkinson, J. W.）　90
アトキンソン（Atkinson, R. C.）　77
天野　清　24
アムンドソン（Amundson, N. E.）　196
飯塚美帆　155
石隈利紀　106, 109
板倉聖宣　89
稲垣佳世子　95
今村義正　73
岩淵悦太郎　23, 25, 29
ヴァンダー・ヴェン（VanderVen, K.）　194
ヴィゴツキー（Vygotsky, L. S.）　20, 21, 30
ウィニコット（Winnicott, D. W.）　38, 40
ウィング（Wing, L.）　122
ウィンチ（Winchi, R. F.）　150
上田吉一　158
ウォーク（Walk, R. D.）　4, 5
ウォーフ（Whorf, B. L.）　27
宇津木保　74, 75
エビングハウス（Ebbinghaus, H.）　74, 75
エリクソン（Erikson, E. H.）　38, 40, 139, 140, 143
エリス（Ellis, S.）　13

索　引

大久保愛　24, 25
大迫弘江　158
オースベル（Ausubel, D. P.）　141
オーバーマン（Oberman, L. M.）　125
岡村達也　104

か
カーマーク（Kamarck, T. W.）　175
門脇厚司　144
カナー（Kanner, L.）　40, 122
金関寿夫　20
鎌原雅彦　72
上廻昭　89
川村浩　70
ギブソン（Gibson, E.）　4, 5
キャロル（Carroll, J. B.）　18
キャンポス（Campos, J. J.）　4
ギンズバーグ（Ginzberg, E.）　185
久保良英　25
クレイマー（Cramer, R. L.）　22
クレッチマー（Kretschmer, E.）　168, 169
クローマー（Cromer, C. C.）　13
黒川光流　160
ケニストン（Keniston, K.）　144
コールバーグ（Kohlberg, L.）　160
腰川一恵　53, 57, 60

小長井明美　195
小林正幸　108

さ
斉藤環　177
サイモンズ（Symonds, P.）　42
阪本一郎　24
佐鹿孝子　62, 63
サピア（Sapir, E.）　27
サリヴァン（Sullivan, H. S.）　142
品川不二郎　42
シフリン（Shiffrin, R. M.）　77
白瀧貞昭　128
スーパー（Super, D. E.）　188, 189
菅原健介　154, 156, 157
スキナー（Skinner, B. F.）　22, 72
鈴木孝夫　28
セリエ（Selie, H.）　175
セリグマン（Seligman, M. E. P.）　92, 93
セルマン（Selman, R.）　160

た
ダイナー（Diner, C. I.）　97
高橋三郎　128
高橋超　158
田上不二夫　108
詫摩武俊　18
タナー（Tanner, J. M.）　135, 137
知名勝枝　57
チョムスキー（Chomsky, N.）　23, 30

陳省仁　41
辻大介　159
デシ（Deci, E. L.）　86, 96
ドゥエック（Dweck, C. S.）　92, 96, 97
トマス（Thomas, A.）　42, 43
ドローター（Drotar, D.）　60

な
ナイサー（Neisser, U.）　27
永野賢　25
長峰伸治　160
奈須正裕　97
ネビル（Nevill, D. D.）　189
野澤純子　61

は
バークレー（Barkley, R. A.）　128
パーテン（Parten, M. B.）　12, 13
バーライン（Berlyne, D. E.）　88
ハーロック（Hurlock, E. B.）　88
バーン（Byrne, D.）　150
パスカリス（Pascalis, O.）　9
パブロフ（Павлов, И. П.）　70
速水敏彦　91
原野広太郎　78, 79
バロン・コーエン（Balon-Cohen, S.）　10

バンデューラ（Bandura, A.） 78-81, 94, 95
ピアジェ（Piaget, J.） 4, 6-8, 14, 20, 21, 30, 136, 138
東原文子 126
ファンツ（Fantz, R. L.） 4, 5
フォークマン（Folkman, S.） 174
深田博己 161
深谷和子 111
藤友雄暉 24, 25
ブラゼルトン（Brazelton, T. B.） 42
ブラック（Black, M.） 20
フリス（Frith, U.） 125
ブルーナー（Bruner, J. S.） 88, 90
古川久敬 160
フロイト（Freud, S.） 170, 171
ブロス（Blos, P.） 141
ベイトソン（Bateson, G.） 46
ボウルビィ（Bowlby, J.） 40
ポーネル（Poehnell, G. R.） 196
ボールドウィン（Baldwin, J. M.） 42
保坂 亨 104

ホランド（Hollamd, J. L.） 193
ホリングワース（Hollingworth, L. S.） 141
ホワイト（White, R. W.） 94

ま
マーシャ（Marcia, J. E.） 140
マードック（Murdock, B. B.） 77
マイヤー（Maier, S. F.） 92, 93
前田重治 173, 175
マズロー（Maslow, A. H.） 176, 191
松井 豊 150
松沢哲郎 16
松田幸久 162
三木安正 3
ミニューチン（Minuchin, S.） 44
宮城音弥 41
三宅和夫 41
宮本美沙子 97
ミラー（Miller, G. A.） 76
無藤 隆 139
村石昭三 24
村田孝次 3, 13, 39
室田洋子 60

森川澄男 105
森田朱音 158
森田洋司 112, 113

や
柳原 光 153
山根弘敬 161
ユング（Jung, C. G.） 168
横山 卓 102
依田 明 45

ら
ラザルス（Lazarus, R. S.） 174, 175
ラマチャンドラン（Ramachandran, V. S.） 125
リー（Lee, J. A.） 152
ルビン（Rubin, Z.） 152
レイナー（Rayner, R.） 71
レッパー（Lepper, M. R.） 87
レネバーグ（Lenneberg, E. H.） 22
ロゴフ（Rogoff, B.） 13

わ
ワイナー（Weiner, B.） 91, 92, 94
ワトソン（Watson, J. B.） 71, 154

【著者一覧】（執筆順）

相良順子（さがら・じゅんこ）
聖徳大学児童学部児童学科教授
担当：第1章

福沢周亮（ふくざわ・しゅうすけ）
聖徳大学児童学部児童学科教授，聖徳大学大学院児童学研究科長
担当：第2章

室田洋子（むろた・ようこ）
聖徳大学児童学部児童学科前教授・兼任講師
担当：第3章

腰川一惠（こしかわ・かずえ）
聖徳大学児童学部児童学科准教授
担当：第4章

宮本友弘（みやもと・ともひろ）
東北大学高度教養教育・学生支援機構准教授
担当：第5章

小杉洋子（こすぎ・ようこ）
聖徳大学児童学部児童学科名誉教授・兼任講師
担当：第6章

家近早苗（いえちか・さなえ）
大阪教育大学大学院連合教職実践研究科教授
担当：第7章

東原文子（ひがしばら・ふみこ）
聖徳大学児童学部児童学科准教授
担当：第8章

芳賀明子（はが・あきこ）
前聖徳大学大学院教職研究科教授
担当：第9章

鈴木由美（すずき・ゆみ）
聖徳大学児童学部児童学科教授
担当：第10章

都築忠義（つづき・ただよし）
前聖徳大学児童学部児童学科教授
担当：第11章

沢崎真史（さわざき・まふみ）
聖徳大学児童学部児童学科教授
担当：第12章

【編者】

福沢周亮（ふくざわ・しゅうすけ）
元聖徳大学児童学部児童学科教授。
東京教育大学大学院教育学研究科教育心理学専攻博士課程満期退学（教育学博士）。
[主著]
『幼児の言語』（日本文化科学社，1970）
『漢字の読字学習─その教育心理学的研究─』（学燈社，1976）
『言葉と教育（改訂版）』（放送大学教育振興会，1995）
『国語教育・カウンセリングと一般意味論』（共著，明治図書，1996）

都築忠義（つづき・ただよし）
元聖徳大学児童学部児童学科教授。
早稲田大学大学院文学研究科心理学専攻博士課程満期退学（文学修士）。
[主著]
『エロスの深層』（共著，有斐閣，1985）
『評価・診断心理学辞典』（共著，実務教育出版，1989）
『インポテンス』（共著，同朋舎，1990）
『改訂版 性同一性障害の基礎と臨床』（共著，新興医学出版社，2004）

発達と教育のための心理学初歩

2011年11月20日　初版第1刷発行
2020年 9月30日　初版第5刷発行

（定価はカヴァーに表示してあります）

　　編　者　福沢周亮
　　　　　　都築忠義
　　発行者　中西　良
　　発行所　株式会社ナカニシヤ出版
　〒606-8161 京都市左京区一乗寺木ノ本町15番地
　　　　　Telephone　075-723-0111
　　　　　Facsimile　075-723-0095
　　　Website　http://www.nakanishiya.co.jp/
　　　E-mail　iihon-ippai@nakanishiya.co.jp
　　　　　郵便振替　01030-0-13128

装幀＝白沢　正／印刷・製本＝ファインワークス
Copyright © 2011 by S. Fukuzawa & T. Tsuzuki
Printed in Japan.
ISBN978-4-7795-0608-6

◎本書のコピー，スキャン，デジタル化等の無断複製は著作権法上での例外を除き禁じられています。本書を代行業者等の第三者に依頼してスキャンやデジタル化することはたとえ個人や家庭内の利用であっても著作権法上認められておりません。